Klaus Rauer

Project-Fastlane Kompetenzlevel D

Basiswissen Projektmanagement

Projektmanagementmethodik nach dem IPMA ICB4 Standard

Grundlagenwissen zur IPMA Zertifizierung Kompetenz-Level D

D1726116

Bibliografische Information der Deutschen Nationalbibliothek

Die Deutsche Nationalbibliothek verzeichnet diese Publikation in der Deutschen Nationalbibliografie; detaillierte bibliografische Daten sind im Internet über dnb.d-nb.de abrufbar.

Klaus Rauer ist als Berater und Projektleiter mit Schwerpunkt Bank- und IT-Projekte tätig.

Neben dieser Tätigkeit führt Klaus Rauer seit 2007, als zertifizierter Projektmanagement-Trainer, Zertifizierungsseminare (IPMA Level D–A) durch.

Das Werk einschließlich aller seiner Teile und Abbildungen ist urheberrechtlich geschützt. Jede Verwendung außerhalb der Grenzen des Urhebergesetzes ist ohne Zustimmung des Autors unzulässig und strafbar. Dies gilt insbesondere für Vervielfältigungen, Übersetzungen, Microverfilmung und die Einspeicherung und Verarbeitung in elektronischen Systemen.

Das Buch wurde mit großer Sorgfalt erstellt. Trotzdem können Fehler nicht vollständig ausgeschlossen werden.

Weder Autor noch Verlag übernehmen für fehlerhafte Angaben und deren Folgen eine juristische Verantwortung noch irgendeine Haftung.

Sollten dem Leser Fehler auffallen, senden Sie bitte eine E-Mail mit der Fehlerbeschreibung an: PM@rauer.at

Disclaimer

Aufgrund der besseren Lesbarkeit wird in den Texten der Einfachheit halber nur die männliche Form verwendet. Die weibliche Form ist selbstverständlich immer miteingeschlossen.

© 2018 Klaus Rauer

Herstellung und Verlag: BoD – Books on Demand
ISBN: 9783748129684

INHALT

EINLEITUNG

1.1 Vorwort

Dieses Buch richtet sich an alle interessierten Personen, die sich Projektmanagement-methodik erschließen, diese erlernen oder einsetzen wollen.

Die dargestellte Methodik orientiert sich an der International Competence Baseline Version 4, im Folgenden kurz ICB4, der IPMA[1], die in Deutschland durch die Gesellschaft für Projektmanagement e. V. (GPM®) vertreten wird.

Durch seine Ausrichtung an die ICB4 ist das Buch als Lerngrundlage zur Vorbereitung auf die Level D Prüfung ideal geeignet. Weiterhin dient es als Nachschlagewerk für die tägliche Projektpraxis.

Das Buch will keine umfassende Darstellung der Methoden und Theorien zu den einzelnen Themenblöcken darstellen, sondern ist vielmehr für die gezielte Vorbereitung auf die schriftliche und mündliche Prüfung sowie als Auffrischung von Wissen gedacht. Für eine vertiefende Betrachtung der einzelnen Themen sind weiterhin die Bücher zur International Competence Baseline Version 3 (PM3)[2] sehr gut geeignet.

Die GPM erwartet von Level D Zertifikaten[3] im Zuge des Zertifizierungsverfahrens einen Transfer der Theorie auf die Praxis („Report"). Angelehnt an diese Anforderung werden Fallbeispiele dargestellt, um die Umsetzung zu erläutern.

Die Kapitel sind im Wesentlichen identisch aufgebaut:

> Teil 1: Grundlagen und Methodik
> Teil 2: Darstellung der Methodik an einem Fallbeispiel

Um eine Einordnung in den ICB-Kontext zu bekommen, ist zu Beginn jedes Kapitels das jeweiligen ICB-Elemente genannt, an das sich die Ausführungen anlehnen (**PM4:**).
Das Fallbeispiel ist ein Projekt mit realem Hintergrund, das jedoch an die jeweilige Methode angepasst wurde. Hierbei handelt es sich um ein Projekt zur Entwicklung von Software- und Hardwarekomponenten für die Unterstützung der Prozesse von Sonnenstudios.

---

[1] International Project Management Association.
[2] Siehe [67].
[3] Siehe [95].

1.2   ICB4 – International Competence Baseline

1.2.1   Lernstufen nach Bloom

In der ICB4 werden die Lernstufen anhand der sog. Bloom-Stufen gemessen. Diese Lernstufen haben folgende Ausprägungen:

Taxonomiestufe	Kurz-Beschreibung
Wissen (K 1) – Faktenwissen – Kennen	Wiedergabe von gelerntem Wissen.
Verstehen (K 2) – Verstehen, – mit eigenen Worten begründen	Erklären eines Sachverhalts. D. h. das Gelernte muss auch in einem Kontext, auch umgangssprachlich oder grafisch, wiedergegeben werden.
Anwenden (K 3) – Umsetzung eindimensionaler Lerninhalte – Lösung am konkreten Problem	Anwendung des Gelernten in einer neuen Situation.
Analysieren (K 4) – Zerlegen in wesentliche Elemente – Fallstudien	Zerlegen von Modellen, Verfahren oder anderem in deren Bestandteile. Komplexe Sachverhalte und die Aufbauprinzipien oder Strukturen müssen dabei entdeckt werden. Zusammenhänge werden erkannt.
Synthetisieren (K 5) – Vernetzen und optimieren – fachübergreifend darstellen – Projektaufgaben lösen	Herstellung von etwas Einzigartigem als konstruktive Leistung. Kreative Neukombination auf Basis des Gelernten.
Beurteilen (K 6) Aufbauend auf den unteren Stufen mit zusätzlicher Bewertung durch die Lernenden.	Beurteilen von Modellen, einer Lösung, eines Verfahrens etc. in Hinsicht auf dessen Zweckmäßigkeit oder innere Struktur.

Tabelle 1: Übersicht Taxonomie nach Bloom[4]

Die angegebene Bloom-Stufe ist die maximale Stufe für das jeweilige Kompetenzelement. Die vollständige Darstellung findet sich in der Taxonomie der GPM.[5]

Dieses Buch berücksichtigt die Bloomstufe auf der Basis von mindestens Level D.

---

[4] Quelle: [64], S. 200.
[5] Vgl. [64] und [65].

1.2.2 Zuordnung Bloomstufe zu Kompetenzelementen

ID	Kompetenzelement	Bloom-Stufe			
	Level	D	C	B	A
04.03.01.	Strategie	1	3	4	6
04.03.02.	Governance, Strukturen und Prozesse	2	3	4	6
04.03.03.	Compliance, Standards und Regularien	2	2	4	4
04.03.04.	Macht und Interessen	2	3	5	6
04.03.05.	Kultur und Werte	2	3	4	6
04.04.01.	Selbstreflexion und Selbstmanagement	3	3	4	6
04.04.02.	Persönliche Integrität und Verlässlichkeit	2	3	4	6
04.04.03.	Persönliche Kommunikation	3	4	6	6
04.04.04.	Beziehungen und Engagement	2	3	4	5
04.04.05.	Führung	2	3	5	6
04.04.06.	Teamwork	2	3	5	6
04.04.07.	Konflikte und Krisen	2	3	5	6
04.04.08.	Vielseitigkeit	2	3	5	6
04.04.09.	Verhandlungen	2	3	4	6
04.04.10.	Ergebnisorientierung	2	3	6	6
04.05.01.	Projektdesign	2	3	5	6
04.05.02.	Anforderungen und Ziele	3	4	5	6
04.05.03.	Leistungsumfang und Lieferobjekte	3	3	5	6
04.05.04.	Ablauf und Termine	3	4	5	6
04.05.05.	Organisation, Information und Dokumentation	3	3	6	6
04.05.06.	Qualität	1	3	5	5
04.05.07.	Kosten und Finanzierung	2	3	5	6
04.05.08.	Ressourcen	2	4	5	6
04.05.09.	Beschaffung	1	3	6	6
04.05.10.	Planung und Steuerung	2	4	6	6
04.05.11.	Chancen und Risiken	3	3	4	6
04.05.12.	Stakeholder	3	3	4	6
04.05.13.	Change und Transformation	1	3	4	5

Tabelle 2: Auszug aus der ICB4 Taxonomie[6]

---

[6] Quelle: [97].

I. GRUNDLAGEN – PERSPECTIVE

1. STRATEGIE

PM4: 4.3.1 Strategie

1.1 Projektmanagement im Unternehmen

Projektmanagement ohne Unterstützung der Linie ist nur in Ausnahmefällen erfolgreich. Eine Unterstützung durch die Linienorganisation ist daher unerlässlich. Gleichzeitig ist ein Projekt kein Selbstzweck und sollte die Unternehmensziele unterstützen.

Während Routineaufgaben vornehmlich in der Linie ausgeführt werden, gehen immer mehr Unternehmen dazu über, innovative Aufgaben als Projekt durchzuführen.

Ein Auswahlkriterium für Projekte ist deren Nutzen für die Unternehmensstrategie.

1.1.1 Vision, Mission, Strategie

Zur strategischen Ausrichtung eines Unternehmens gehört auch ein Leitbild auf Basis der Unternehmensausrichtung und der formellen und informellen Werte des Unternehmens. Dieses Leitbild wird unter den Überschriften Vision und Mission definiert.

Unternehmensleitbild: Vision und Mission

Vision: „Ein konkretes Zukunftsbild, nahe genug, dass wir die Realisierbarkeit noch sehen können, aber schon fern genug, um die Begeisterung der Organisation für eine neue Wirklichkeit zu wecken." [7]

Bei der Vision geht es darum, was das Unternehmen beim konsequenten Leben seiner Mission in z. B. 10 Jahren erreicht haben will, bspw. „Umgestaltung des Unternehmens in eine „Project Company".

In der Mission kommen in erster Linie der Sinn und Zweck des Unternehmens zum Ausdruck und sie hängt naturgemäß stark von der Kultur und den Werten des Unternehmens ab. Sie beschreibt den Auftrag des Unternehmens zur Erreichung der Vision in einem kurzen Statement („Wir managen Ihre Projekte professionell", „Wir machen den Weg frei!").

Die Mission und die Vision bilden zusammen das Leitbild des Unternehmens.

---

[7] Boston Consulting Group.

Strategie

Die Strategie ist ein „Fahrplan", in dem die konkreten Maßnahmen definiert sind, die zur Realisierung der Vision dienen, wie „Zertifizierung der Projektleiter, Einrichtung eines PMO, Projektpools etc.".

1.1.2 Projekterfolg und Erfolgsfaktoren

Ein Projekt ist erfolgreich, wenn das „Magische Dreieck" aus Termin, Kosten und Leistung eingehalten wurde und die wichtigsten Stakeholder zufrieden sind.

Hierzu bedarf es jedoch eines Projektumfeldes, das diesen Erfolg auch möglich macht. Zu nennen sind hier die Erfolgsfaktoren:

- Unterstützung des Top-Managements und des Auftraggebers
- Abgestimmte, realistische Projektziele
- Angemessene Projektplanung
- Teamarbeit und Team-Zusammensetzung
- Fehler- und Konfliktkultur im Projekt
- Zielgerichtete und ausreichende Information und Kommunikation
- Aktives Stakeholder-Management
- Qualifiziertes Projektpersonal (Projektleiter, Mitarbeiter)

Diese Erfolgsfaktoren garantieren den Projekterfolg nicht, sondern erhöhen die Wahrscheinlichkeit für einen erfolgreichen Projektabschluss.

1.1.3 Boston Consulting Matrix

Von der Boston Consulting Group (BCG) wurde eine Matrix entwickelt, die zur Bewertung und Vorbereitung von strategischen Entscheidungen zum Einsatz kommt. Anhand des relativen Marktanteils und des prozentualen Marktwachstums werden Produkte oder Projekte bewertet und damit die Entscheidung für oder gegen ein Produkt / Projekt vorbereitet.[8] Je nach Position bzw. Entwicklungstendenz gibt es verschiedene „Normstrategien":

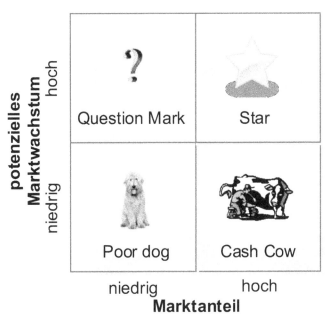

Abbildung 1: Boston Consulting Matrix

<u>Question Mark</u>	Ausbau des Marktanteils
<u>Star</u>	Ausbau bzw. Halten des Marktanteils
<u>Cash Cow</u>	Halten des Marktanteils oder Abschöpfen / Reduzieren bei schlechten Prognosen
<u>Poor Dog</u>	Rückzug aus dem Geschäft oder Produkt weiterentwickeln

---

[8] Vgl. [2], Seite 100.

11

1.2   Projektauswahl

Der Projektauswahl kommt, im Sinne der Unternehmensstrategie und des Gesamterfolges, eine große Bedeutung zu. Vor der Beauftragung müssen daher die Projekte identifiziert werden, die den größten Nutzen für das Unternehmen haben oder aus anderen Gründen ausgewählt werden. Folgende Fragestellungen sind für eine Projektauswahl hilfreich:

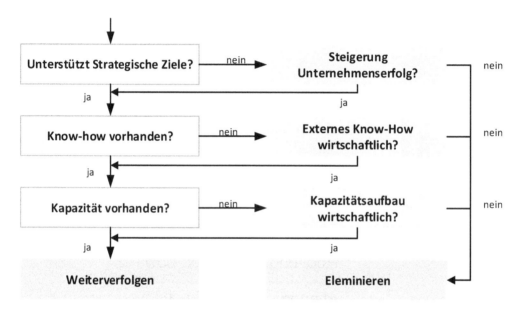

Abbildung 2: Projektauswahl[9]

1.2.1   Verfahren zur Projektauswahl

Als erstes Kriterium der Projektauswahl werden alle „Muss-Projekte" identifiziert und eingeplant. Muss-Projekte sind u. a. die Umsetzung von gesetzlichen Anforderungen oder angeordnete Projekte der Unternehmensleitung. Die verbleibenden Projektkandidaten werden einem Bewertungs- und Auswahlverfahren unterzogen.

---

[9] Angelehnt an [29], Seite 36.

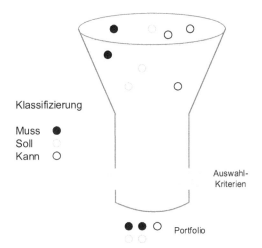

Abbildung 3: Projektauswahl

Für den weiteren Planungsprozess und die Projektauswahl stehen zwei Fragen im Mittelpunkt:[10]

1. Werden die richtigen Projekte ausgewählt?
2. Sind die Projekte realistisch geplant?

Hierbei wird generell zwischen zwei verschiedenen Verfahrensgruppen zur Ermittlung der Rentabilität unterschieden:

Statische Verfahren – schnell, aber ungenau

- Kostenvergleichsrechnung
- Gewinnvergleichsrechnung
- Rentabilitätsvergleichsrechnung
- Amortisationsrechnung

Dynamische Verfahren – genauer, aber aufwendig

- Kapitalwertmethode
- Interner Zinsfuß
- Annuitätenmethode

An dieser Stelle sollen diese Verfahren lediglich benannt werden. Ab Kompetenzstufe Level C ist eine tiefere Kenntnis der Verfahren notwendig.

---

[10] Vgl. [38], Seite 30.

13

1.2.2 Nutzwertanalyse

Die Nutzwertanalyse ist ein Instrument zur Bestimmung des Nutzens eines Produkts. Die Nutzwertanalyse wird eingesetzt, wenn zwischen mehreren Projekten oder Produkten eine Entscheidung zur Durchführung getroffen werden muss, die nicht nur nach rein monetären Kriterien ausgewählt werden können bzw. sollen.

Vorgehen

Anforderungen bzw. Kriterien festlegen	Gewichtung der Kriterien	Erfüllungsgrad der einzelnen Kriterien ermitteln	Summierung

Nachdem die, möglichst objektiven, Kriterien für die Bewertung und deren Gewichtung festgelegt sind, werden alle Projekte bezüglich der Anforderungen bewertet. Die Einzelergebnisse werden summiert. Das Projekt mit der höchsten Punktezahl wir potenziell ausgewählt. Potenziell bedeutet, es können ggf. auch noch weitere Verfahren zur Auswahl angewendet werden.

Projekte 2018

Lfd.-Nr.	Anforderung / Kriterium	Gewichtung 1–10	SunOrganizer Summe 92		ApoStore Summe 188	
			Erfüllungsgrad 1–10	Ergebnis	Erfüllungsgrad 1–10	Ergebnis
1	Business Case	10	5	50	8	80
2	Strategischer Nutzen	7	1	7	6	42
3	Nachhaltigkeit	7	2	14	7	49
4	Risiko	3	3	9	2	6
5	Kundennutzen	2	6	12	3	6
6	Quick Win	1	0	0	5	5

Abbildung 4: Nutzwertanalyse

1.2.3 Business Case

Ein **Business Case** ist ein Szenario zur Beurteilung einer Investition unter strategischen, betriebswirtschaftlichen Aspekten. Hierbei betrachtet der Business Case die Auswirkungen eines Vorhabens im Hinblick auf seine Wirtschaftlichkeit.

Ein Business Case soll folgende Fragestellungen beantworten:

- Gründe für das Projekt, z. B.: Rückgang der Nachfrage
- Handlungsalternativen zum Projekt, bspw. make or buy
- Risiken
- Chancen
- Kosten und Zeitrahmen
- Erwarteter Nutzen: Umsatzerhöhung, Erfüllung gesetzlicher Anforderung etc.
- Investitionsrechnung
  Auch bei Projekten mit nicht monetärem Nutzen müssen dessen mögliche finanzielle Auswirkungen im Business Case analysiert werden
- Optional: Amortisationsrechnung, Cash-Flow, Einsparpotenzial
- Bewertung des Nutzens (Nutzwertanalyse)

Prozess der Erstellung eines Business Case verläuft in 5 Schritten:[11]

1. Klärung	Vor der Erstellung eines Business Case muss Klarheit über die Anforderungen und die möglichen Lösungen bestehen; Aufgabestellung und Rahmenbedingungen klären, Inhalt des Business Case abstimmen
2. Modellierung	Modell- und Methodenauswahl
3. Datensammlung	Alle Parameter für die Erstellung sammeln und aufbereiten
4. Berechnung	Rechnen des Business Case, Unsicherheit berücksichtigen
5. Abschluss	Analyse und Dokumentation, Finalisierung, Vorstellung

---

[11] [68].

2. PROJEKTMANAGEMENT IM ÜBERBLICK

PM4: 4.3.2 Governance, Strukturen, Prozesse

2.1 Definitionen

Projektmanagement wird in der DIN 69901-5 wie folgt definiert:

„Gesamtheit von Führungsaufgaben, -organisation, -techniken und -mitteln für die Initiierung, Definition, Planung, Steuerung und den Abschluss von Projekten".[12]

Programm

Ein Programm setzt sich aus Projekten zusammen, die ein gemeinsames Ziel verfolgen. Ein Programm ist zeitlich begrenzt.[13]

Projektportfolio

„Ein Projektportfolio kann gleichartige Projekte und Programme, aber auch unterschiedlich geartete, interne und externe, komplexe und solche mit begrenzter Komplexität und ggf. innerhalb von Programmen auch sonstige, z. B. nicht „projektwürdige", Aufgaben beinhalten."[14]

Projektmanagement-Office (PMO)

Aufgabe eines PMO ist die Bereitstellung von Unterstützungsfunktionen für Projekte. Dies können sein: Protokollierung und Vorbereitung von Sitzungen, Erstellen und Pflege von Projektunterlagen (Dokumente, Pläne), Coaching von Projektleitern, Fortschrittskontrolle, Berichtserstellung etc.

Projektorientierung

„Auf die Leistungserbringung in Form von Projekten ausgerichtetes Denken und Handeln, das durch spezifische Merkmale gekennzeichnet ist und sich in entsprechenden Einrichtungen und Maßnahmen des strategischen und operativen Projekt-, Programm- und Portfoliomanagements ausdrückt."[15]

---

[12] DIN 69901-5:2009-01.

[13] Vgl. [38], Seite 23, 72 ff.

[14] Vgl. [40], Seite 170.

[15] Vgl. [40], Seite 169.

Projektorientierte Unternehmen

Ein projektorientiertes Unternehmen ist gekennzeichnet durch folgende Merkmale:

- Die Projektleiter sind fachliche und ggf. disziplinarische Vorgesetzte.
- Projekte sind als Linieneinheit im Unternehmen etabliert.
- Eine Integration von Programm- und Portfoliomanagement ist eingerichtet.
- Der Aufbau von Projekt-Netzwerken wird gefördert.

2.1.1 Projektmanagement-Prozesse

Projektmanagement-Prozesse können Komplexität reduzieren und Anwendern Orientierung bzw. Hilfestellung bei der Frage geben, wann welche Tätigkeiten im Projektmanagement auszuführen sind. Das systematische Erkennen und Handhaben der verschiedenen Prozesse wird als Prozessorientierung bzw. prozessorientierter Ansatz bezeichnet. Alle Prozesse stehen in Wechselwirkung zueinander und müssen übergeordnet geplant und gesteuert werden. Die Prozesse des Projektmanagements sind Teil des „Prozesshauses der DIN":

Abbildung 5: Prozesshaus der DIN 69901:2009

Darüber hinaus können unternehmensspezifische Projektmanagementstandards in einem Projektmanagement-Handbuch festgelegt werden, wie:

- Berichtsstufen
- Eskalationswege
- Abgrenzung des Anwendungsbereichs
- methodische Vorgaben
- Beschreibung der PM-Prozesse

2.1.2 Phasen in Projektmanagement-Prozessen

Die Projektmanagement-Prozesse können über den Projektverlauf hinweg in Phasen unterteilt werden. In folgender Abbildung ist die Phasenunterteilung der DIN 69901:2009 (ISO 21500) dargestellt:

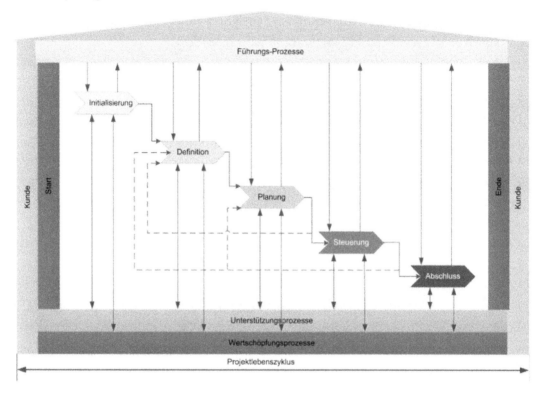

Abbildung 6: Phasen des Projektmanagements der DIN 69901:2009

Die Phasen der PM-Prozesse unterscheiden sich i. d. R. von den Projektphasen und sind abhängig von Branche, Projektart und Vorgehensweise (siehe auch Projektphasen). Eine Übersicht über die Tätigkeiten in den einzelnen Projektmanagementphasen gibt der „rote Faden". Hier werden die Projektmanagementphasen den Inhalten gegenübergestellt.

2.2   Projekt

Der Projektbegriff wird in der heutigen Zeit nahezu inflationär verwendet. Bspw. werben bekannte Baumärkte mit dem Projektbegriff, bei dem bereits das Bepflanzen einer Blumenrabatte ein „Projekt" ist. Die DIN definiert ein Projekt wie folgt:

„Vorhaben, das im Wesentlichen durch die Einmaligkeit der Bedingungen in ihrer Gesamtheit gekennzeichnet ist, wie z. B. Zielvorgabe, zeitliche, finanzielle, personelle und andere Begrenzungen; Abgrenzung gegenüber anderen Vorhaben; projektspezifische Organisation."[16]

Hieraus kann mittels eines Sieben-Punkte-Checks eine Projekt-Bewertung nach DIN abgeleitet werden:

1. definierter Zeitraum
2. Ziel bekannt
3. Verantwortung festgelegt
4. einmalig / neuartig
5. begrenzte Ressourcen
6. interdisziplinär
7. komplex

Die GPM stellt an Projekte mit begrenzter Komplexität folgende Anforderungen[17]:

- Projekt nach DIN-Kriterien
- Dauer >= 6 Monate
- PM-Aufwand >= 30.000,- €
- PM-Team >= 2 Personen
- Fachdisziplinen >= 1
- Phasen >= 3

---

[16] Quelle: Deutsches Institut für Normung e.V. DIN 69901-5:2009.
[17] Vgl.: [97].

2.2.1 Der rote Faden

Zum Projektmanagement gehört nicht das Erledigen fachlicher oder wertschöpfender Aufgaben, sondern das Planen, Organisieren, Koordinieren und Steuern dieser Aufgaben. Die projektbezogenen, konkreten Inhalte der Projektmanagementphasen zeigt der rote Faden.

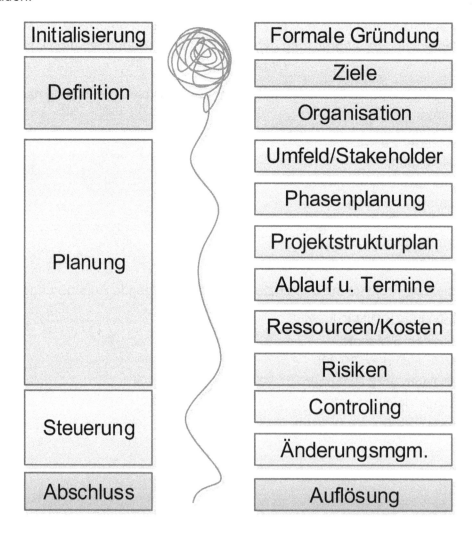

Initialisierung	Formale Gründung
Definition	Ziele
	Organisation
	Umfeld/Stakeholder
Planung	Phasenplanung
	Projektstrukturplan
	Ablauf u. Termine
	Ressourcen/Kosten
	Risiken
Steuerung	Controling
	Änderungsmgm.
Abschluss	Auflösung

Abbildung 7: „Roter Faden" des Projektmanagements

2.2.2 Projektarten

Die Kategorisierung eines Projektes nach der Projektart kann die Planung und Durchführung eines Projektes erheblich erleichtern. Bspw. durch die Anwendung von Standardplänen, Checklisten und bereits bewährten Vorgehensmodellen. Auch ist oft das Berichtswesen auf die Kategorie eines Projektes abgestimmt.

Eine häufig angewandte Einteilung von Projekten ist die Unterscheidung nach den Dimensionen Auftraggeber und Projektinhalt (Objekt). Weitere Unterscheidungen können Größe, Dauer, Kulturkreis, Komplexität etc. eines Projektes sein.

Dimension
Objekt

Investition   Organisation   F&E

Abbildung 8: Projektart Dimensionen Objekt

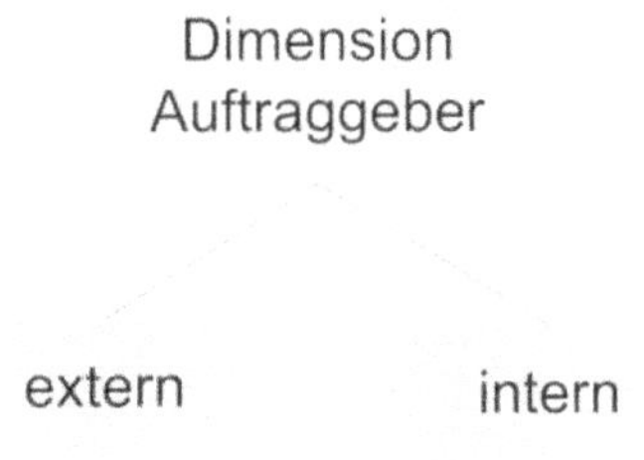

Dimension
Auftraggeber

extern   intern

Abbildung 9: Projektart Dimensionen Auftraggeber

Weitere Einteilungen:

- IT-Projekte,
- Bauprojekte,
- Projektgröße (kleine, große Projekte) und
- andere unternehmensindividuelle Einordnungen.

2.3   Rahmenbedingungen

| PM4: 4.3.3 Compliance, Standards und Regularien

2.3.1   Wichtige Verordnungen / Gesetze in der Projektarbeit

In der Projektarbeit muss der Projektleiter eine Vielzahl von Gesetzen und Verordnungen berücksichtigen. Im Folgenden wird eine Auswahl dargestellt.

2.3.1.1 Sicherheit Gesundheit Umweltschutz

Aus Sicht der Vorsorge für die Sicherheit und den Gesundheitsschutz der Projekt-Mitarbeiter kann das TOP-Prinzip als Leitlinie angewendet werden[18]. Es besteht aus den Komponenten Technik, Organisation und Personal, zu denen es jeweils Gesetze und Verordnungen sowie betriebs- und projektinterne Maßnahmen geben kann (bspw. Betriebssport zur Förderung der Fitness).

Technik (Arbeitsplatz, technische Anlagen etc.)

- Arbeitsstättenverordnung
- Immissionsschutzgesetz
- Umweltgesetze

Organisation (Arbeitszeit, Pausen etc.)

- Mutterschutzgesetz
- Arbeitszeitgesetz

Personal (Nichtraucherschutz, Schutzbekleidung, Präventivmaßnahmen zur Gesundheit etc.)

- Betriebssicherheitsverordnung
- Arbeitsschutzgesetz

In Zuge der Führsorgepflicht des Projektleiters ist ggf. auch eine Gefährdungsanalyse durchzuführen, um etwaige Gefahren im Projektverlauf zu antizipieren. Dies bedeutet eine Untersuchung von Verfahren auf ihre Gefahr hin, ob sie einen Unfall oder Schaden verursachen können. Hierbei können Arbeitsschutzbeauftragte unterstützend tätig werden.

---

[18] Vgl. [25], Seite 1297.

2.3.1.2 Datenschutz

Der Datenschutz betrifft im Schwerpunkt den Schutz der allgemeinen Persönlichkeitsrechte. Im Projekt sind hierzu mehrere Gesetze und Verordnungen zu beachten, u. a.: Datenschutzgrundverordnung (DSGVO), Bundesdatenschutzgesetz (BDSG) sowie ggf. weitere für das Projekt relevante Gesetze wie Telekommunikationsgesetz, IT-Sicherheitsgesetz etc.

Je nach Projekt können weitere Gesetze relevant sein (Umweltschutz, Lebensmittelrecht und andere).

2.3.2   Verwendung von Standards

Für die Abwicklung des Projekts kann auf einige Standards zurückgegriffen werden, die den Aufwand für Definitionen und Planung erleichtern:

ISO 21500:   Beschreibt Begriffe und Prozesse, die im Projektmanagement verwendet werden.

ICB4:   Standard für die Projektabwicklung der Gesellschaft für Projektmanagement (GPM®).

DIN 69901   Beschreibt Grundlagen, Prozesse, Prozessmodell, Methoden, Daten, Datenmodell und Begriffe im Projektmanagement.
Unter dem Titel „Projektmanagement; Projektmanagementsysteme" sind folgende fünf Teile enthalten:

- DIN 69901-1 Grundlagen
- DIN 69901-2 Prozesse, Prozessmodell
- DIN 69901-3 Methoden
- DIN 69901-4 Daten, Datenmodell
- DIN 69901-5 Begriffe

Standardvorgehensmodelle PRINCE2, V-Modell XT, HOAI und andere

2.3.3 Kultur und Werte

Edgar Schein definiert Organisationskultur als „ein Muster gemeinsamer Grundprämissen, das die Gruppe bei der Bewältigung ihrer Probleme externer Anpassung und interner Integration erlernt hat, das sich bewährt hat und somit als bindend gilt und das daher an neue Mitglieder als rational und emotional korrekter Ansatz für den Umgang mit Problemen weitergegeben wird." [19]

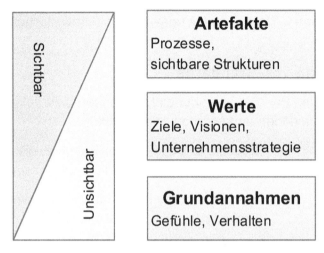

Abbildung 10: Unternehmenskultur nach Edgar Schein

In der Unternehmenskultur unterscheidet er drei Ebenen:

- Artefakte
- Werte
- Grundannahmen

Diese drei Ebenen unterscheiden sich danach, ob und in welcher Form sie für die Mitarbeiter und Außenstehende sichtbar sind bzw. wahrgenommen werden.

---

[19] Vgl. [70].

Artefakte

Die Artefakte sind sichtbare Teile der Unternehmenskultur wie Architektur des Firmengebäudes, Kleidung der Mitarbeiter (Dresscode), Besprechungsrituale und andere.

Werte

Die Werte eines Unternehmens können sichtbar oder auch unsichtbar sein. Hierunter fallen Strategien, Normen und Ziele des Unternehmens wie Visionen, Missionen oder Leitbilder, die üblicherweise schriftlich niedergelegt sind. Jedoch kann es auch Punkte geben, die nur einem kleineren Kreis zugänglich und somit nicht für alle sichtbar sind, bspw. Teile der Unternehmensstrategie.

Grundannahmen

Als Basis dienen die Grundannahmen. Dieses sind unausgesprochene Regeln, die nicht oder oft nur von außen sichtbar sind. Hierunter fallen die unbewussten Anschauungen, Wahrnehmungen und Gefühle der Mitarbeiter, die häufig nicht klar ausgesprochen werden. Diese grundlegenden Orientierungs- und Verhaltensmuster bestimmen das Handeln von Menschen:

- Fairness
- unbewusste Anschauungen
- Selbstständigkeit
- Hierarchiedenken
- Hilfsbereitschaft

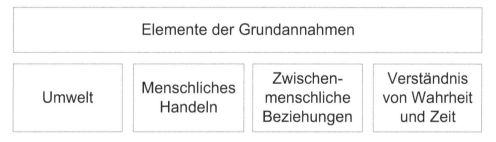

Abbildung 11: Elemente der Grundannahmen nach Schein

II. METHODENEINSATZ IM PROJEKT – PRACTICE

1. PROJEKTDESIGN

| PM4: 4.5.1 Projektdesign

1.1 Projektmanagementerfolg[20]

„Projektmanagementerfolg ist der effektive und effiziente Einsatz von Methoden und Instrumenten des Projektmanagements, zur Steigerung des wirtschaftlichen Erfolgs und der Zufriedenheit der Stakeholder einzelner Projekte, des Projektportfolios insgesamt, sowie projektübergreifend der Erfolg der Organisation."

Der Projektleiter vereinbart mit seinem Auftraggeber einen zu liefernden Projektgegenstand. Dies können neben dinglichen Komponenten wie Software auch weitere Lieferobjekte (Handbücher, Dokumentation) oder Ergebnisse (Abnahme durch den Kunden, Revisions-OK) sein.

1.1.1 Definition

Der Projektinhalt wird in der DIN 69901-5:2009 wie folgt definiert:

„Gesamtheit der Produkte und Dienstleistungen, die durch die Aufgabenstellung eines Projektes als Ergebnis am Ende vorliegen müssen."

Die Leistungsbeschreibung für den Projektinhalt wird in die Komponenten

- Leistungsbeschreibung und
- Lieferobjekte

unterteilt.[21]

---

[20] Ebenda Seite 58 f.
[21] Vgl. [25], Seite 332 ff.

1.2 Leistungsbeschreibung

1.2.1 Lastenheft

Das Lastenheft beschreibt die Projektergebnisse aus Sicht des Auftraggebers und wird von diesem erstellt (Anforderungen). Hier wird definiert, welche Komponenten erwartet werden und mit welchen Erfolgskriterien der Projekterfolg gemessen werden kann. Eine Anforderung ist eine „Bedingung oder Eigenschaft, die ein System oder eine Systemkomponente aufweisen muss, um einen Vertrag zu erfüllen oder einem Standard, einer Spezifikation oder einem anderen formell auferlegten Dokument zu genügen."[22]

Das Problem hierbei ist in der Regel die Qualität der Anforderungsbeschreibung. Eine Anforderung ist eine geforderte Eigenschaft eines zu entwickelnden Systems.

Qualitätskriterien für Anforderungen sind:

- Identifizierbarkeit
- Verständlichkeit
- Eindeutigkeit
- Nachweisbarkeit
- Messbarkeit

„Schön" ist keine Anforderung!

1.2.2 Pflichtenheft

Gegenstand des Pflichtenheftes dagegen ist die Beschreibung, WIE das System realisiert wird. Ersteller des Pflichtenhefts ist der Auftragnehmer. Ein Teil des Pflichtenheftes kann auch eine technische Spezifikation sein. Das Pflichtenheft sollte mit dem Auftraggeber abgestimmt sein bzw. von diesem abgenommen werden und dient als Grundlage für die Abnahmen der Ergebnisobjekte im Projektverlauf.

---

[22] Vgl. [45], Seite 13.

1.2.3   User Story

User Storys werden im Zuge von agilen Projekten eingesetzt, um Anforderungen an das System zu identifizieren. User Storys beschreiben umgangssprachlich eine möglichst kleine Aufgabe, die mit dem Zielsystem gelöst werden soll. Jedoch nicht, „wie" es gelöst wird.

Beispiel: „Erstelle eine Übersicht über alle Konditionen mit Standardkondition und ggf. zugeordneter Einzelkondition je Konto."

Zu einer User Story gehören neben einer Beschreibung noch ein Titel und die Akzeptanzkriterien. Die Akzeptanzkriterien legen fest, wann diese Anforderung als erfüllt gilt, und bilden die Basis für Test und Abnahme des Systems. Meist sind es 3 bis 4 Kriterien, die erfüllt werden müssen. Sind es mehr als 10, ist die User Story an sich vermutlich noch nicht gut definiert – und man sollte sie eventuell in mehrere Storys zerlegen.

Bewährt hat sich die Regel, dass eine User Story auf eine Karteikarte passen sollte. Damit ist die Textmenge begrenzt. Titel und Beschreibung kommen auf die Vorderseite, die Akzeptanzkriterien auf die Rückseite.

Passt die User Story nicht auf die Karte, ist sie noch nicht klein genug. Die Summe aller User Storys beschreiben die Leistung eines Systems.

1.2.4   Technische Spezifikationen

Die technische Spezifikation ist eine Beschreibung der Systemumgebung, technischen Merkmale, Normen etc. Hier wird detailliert festgelegt, wie das fertige System aussieht.

1.2.5   Lieferobjekte

Als Lieferobjekte werden die konkreten Projekt-Ergebnisse, auch „Ergebnis-Objekte", benannt, die am Ende des Projekts vorliegen, dies können u. a. sein:

- Dokumente
- technische Anlagen / Bauwerke
- Organisationsstrukturen / Prozesse

Die Lieferobjekte werden im Projektstrukturplan näher spezifiziert und werden im Zuge der Abnahme des Projektgegenstandes geprüft.

1.2.6   Abnahmen

Auf Basis der Leistungsbeschreibungen werden die einzelnen Projektergebnisse abge-nommen. Hierzu müssen diese jedoch operationalisiert, d. h. messbar gemacht wer-den. Die Abnahmekriterien sollten frühzeitig festgelegt werden und so definiert sein, dass möglichst wenig Interpretationsspielraum vorhanden ist. Für die Abnahmekriterien kann eine Formulierung nach der SMART-Methode vorgenommen werden (vgl. 2.2.5 Zielformulierung). Tom de Marco formulierte hierzu: „Was ich nicht messen kann, kann ich nicht kontrollieren".[23] Die Zufriedenheit mit dem Projektergebnis hängt auch von der Art der Ergebnisse ab. Das Kano-Modell beschreibt hier die Zusammenhänge.

1.2.7   Kano-Modell

Das Kano-Modell beschreibt den Zusammenhang zwischen der Erfüllung von Kunden-anforderungen und der Kundenzufriedenheit. Es definiert fünf Merkmale von Kunden-anforderungen, die für die Kundenzufriedenheit relevant sind.

Abbildung 12: Kano-Modell

---

[23] Vgl. [12].

Basismerkmale

Sie gelten als selbstverständlich, werden dem Kunden aber erst bewusst, sofern sie nicht vorhanden sind. Basismerkmale sind implizite Muss-Kriterien, die von Kunden nicht direkt artikuliert, sondern stillschweigend vorausgesetzt werden. Fehlen Basismerkmale, sind Kunden unzufrieden, sind sie vorhanden, entsteht jedoch keine zusätzliche Zufriedenheit. Basismerkmale werden auch als „expected requirements" bezeichnet.

Leistungsmerkmale

Sie werden von Kunden explizit verlangt und haben Einfluss auf die Zufriedenheit. Werden Leistungsmerkmale nicht erfüllt, entsteht Unzufriedenheit bei Kunden. Werden Leistungsmerkmale übertroffen, steigt die Zufriedenheit. Leistungsmerkmale – manchmal auch als Qualitätsmerkmale beschrieben – lassen sich durch Marktuntersuchungen, Marktbeobachtungen und Marktbefragungen ermitteln. Sie werden auch als „normal requirements" bezeichnet.

Begeisterungsmerkmale

Diese Merkmale sind in der Lage, Kunden zu begeistern. Sie stiften tatsächlichen oder zumindest gefühlten Nutzen. Begeisterungsmerkmale werden nicht erwartet und ein Fehlen entsprechender Merkmale schafft auch keine Unzufriedenheit. Ist aber ein Begeisterungsmerkmal vorhanden, kann bereits eine kleine Leistungssteigerung zu einem überproportionalen Nutzen führen. Begeisterungsmerkmale werden auch als „delightful requirements" bezeichnet.

Unerhebliche Merkmale

Sie führen weder zur Zufriedenheit noch zur Unzufriedenheit, unabhängig ob sie vorhanden sind oder nicht.

Rückweisungsmerkmale

Existieren diese Merkmale, führen sie zu Unzufriedenheit, sind sie hingegen nicht vorhanden, schaffen sie dennoch keine Zufriedenheit.

1.3 Projekthandbuch

Die DIN 69905 legt fest:

„Ein Projekthandbuch ist die Zusammenstellung von Informationen und Regelungen, die für die Planung und Durchführung eines bestimmten Projekts gelten sollen.“

Ein Projekthandbuch enthält spezifische, <u>für ein bestimmtes Projekt</u> geltende Informationen und Regelungen. Als ein Abbild der Wirklichkeit zeigt das Projekthandbuch im Gegensatz zum Projektmanagementhandbuch die tatsächlich angewendeten Komponenten des Projekts. Typische Inhalte eines Projekthandbuches sind:

- Projektziele
- Projektumfang und Abgrenzungen
- Meilensteine
- verwendete Standards und Dokumente
- Risiken des Projekts
- Verantwortlichkeiten im Projekt, Rollen, wer ist beteiligt?
- verwendete Standards, Normen und Richtlinien
- Berichtswesen
- Hierarchie, Entscheidungswege, Gremien
- Art der Projektdokumentation und -Ablage
- Kommunikationsmatrix

Die Projektmitarbeiter sollten Zugriff auf das Projekthandbuch haben, damit ein gemeinsames Verständnis für das Projektvorgehen erreicht wird. Das Handbuch muss, um eine positive Wirkung zu entfalten, immer auf dem neuesten Stand sein.

1.4 Vorgehensmodelle

Projekte sind von Natur aus von einer gewissen Komplexität. Um dieser Komplexität Herr zu werden, müssen die Aufgaben strukturiert werden. Vorgehensmodelle sind hier ein probates Mittel, um Klarheit in den Projektablauf zu bekommen. Vorgehensmodelle werden wie folgt eingeteilt:[24]

- Sequenzielle Vorgehensmodelle
- Prototypische Vorgehensmodelle
- Wiederholende Vorgehensmodelle
- Wiederverwendungsorientierte Vorgehensmodelle

Vorgehensmodelle stellen Methoden und Elemente, inklusive des Projektmanagements, zu Prozessen und Projektphasen in einem standardisierten Modell zur Verfügung. Bekannte Modelle sind:

- Wasserfallmodell
- Allgemeines V-Modell
- HOAI
- PRINCE2®
- V-Modell XT®
- Rational Unified Process® – RUP
- Agiles Projektmanagement
  SCRUM,
  Xp,
  Kanban,
  u. a.

Auf den folgenden Seiten wird auf einige Vorgehensmodelle näher eingegangen.

---

[24] Vgl. [8], Seite 4 ff.

1.4.1 Wasserfallmodell

In Wasserfallmodellen werden Projektphasen sequentiell durchlaufen. Sie sind in der Regel sehr dokumentationslastig.

In der Literatur werden die Phasen des Wasserfallmodells in unterschiedlicher Zahl und Benennung zitiert[25]. Gemeinsam ist, dass es sich um Projektphasen mit definierten Übergabepunkten und definierten Ergebnisobjekten handelt (Stagewise Model oder auch Stage-Gate-Verfahren).

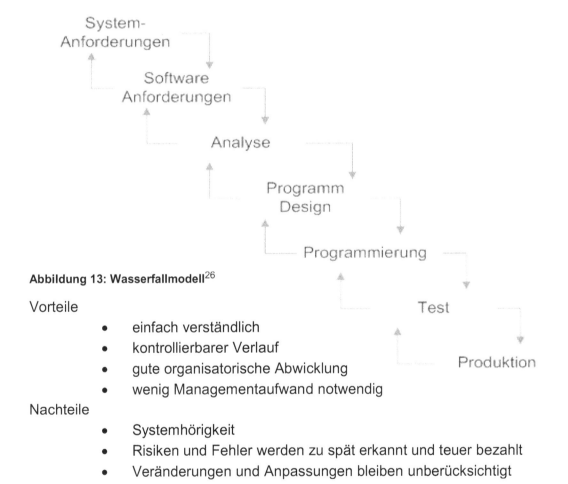

Abbildung 13: Wasserfallmodell[26]

Vorteile

- einfach verständlich
- kontrollierbarer Verlauf
- gute organisatorische Abwicklung
- wenig Managementaufwand notwendig

Nachteile

- Systemhörigkeit
- Risiken und Fehler werden zu spät erkannt und teuer bezahlt
- Veränderungen und Anpassungen bleiben unberücksichtigt

---

[25] Vgl. ebenda, Seite 5.
[26] Angelehnt an [49].

1.4.2   V-Modell

In der Praxis sind viele Varianten des V-Modells anzutreffen. Die Eigenschaft von V-Modellen ist, dass großer Wert auf Qualitätssicherung gelegt wird, d. h. jede Entwicklungsstufe korrespondiert mit einer Teststufe (QS).

Ein V-Modell kann, entsprechend des Projekt-Vorgehens, weniger, mehr oder andere Stufen aufweisen, als in der untenstehenden Grafik gezeigt werden. Entwicklungsdokumente (wie z. B. Geschäftsvorfälle, Anforderungsspezifikationen, Entwurfsdokumente und Codes), die während der Entwicklung entstehen, sind oftmals die Basis für Tests in einer oder mehreren Stufen. Die folgende Grafik zeigt ein typisches V-Modell aus der Softwareentwicklung.

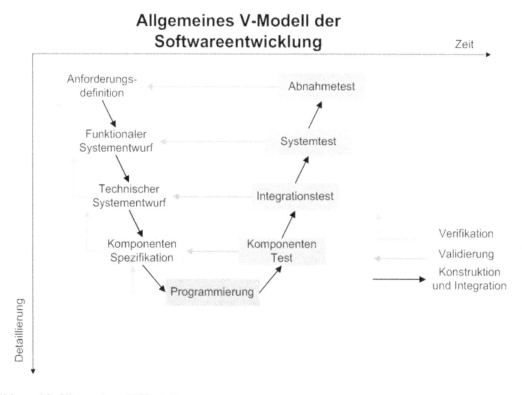

Abbildung 14: Allgemeines V-Modell

1.4.3   Agile / Iterative Vorgehensweisen

Das agile Manifest der Softwareentwicklung

Das agile Manifest als Grundlage des agilen Vorgehens beschreibt die Grundlagen anhand von klaren Priorisierungen[27]:

Individuen und Interaktionen	sind wichtiger als	Prozesse und Tools
Funktionierende Software	ist wichtiger als	umfangreiche Dokumentation
Kooperation mit Projektbeteiligten	ist wichtiger als	Vertragsverhandlungen
Reaktion auf Änderungen	ist wichtiger als	Verfolgung eines festgelegten Plans

Der iterativ-inkrementelle Ansatz des agilen Vorgehens basiert auf der Prämisse, dass nach jeder Arbeitsphase ein potentiell nutzbares Produkt ausgeliefert werden kann (auslieferbares Artefakt).

Grundprinzip der agilen Methode aus Sicht des Projektmanagements

Während das klassische Projektmanagement in der Regel auf eine präzise und detaillierte Planung aufbaut, wird im agile Projektmanagement auf eine flexible und dynamische Prozessgestaltung gesetzt. Hierbei werden kurze Iterationszyklen eingesetzt, in denen die Koordination durch direkte Selbstabstimmung im Team durchgeführt wird. Der Schwerpunkt liegt auf der Qualität des auszuliefernden Produkts.

Im „Magischen Dreieck" sind im agilen Vorgehen die Kosten und Termine fix.

---

[27] Angelehnt an: Quelle: http://agilemanifesto.org/iso/de/manifesto.html 25.09.2018.

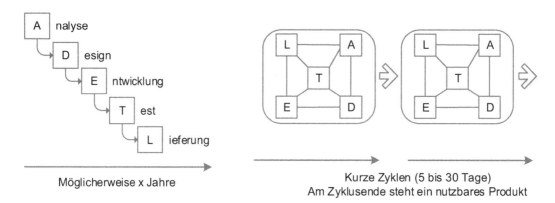

Abbildung 15:Vergleich von Wasserfallmodell vs. agilem Vorgehen

Anstatt alle Arbeitsschritte detailliert zu planen, wird ein priorisiertes Backlog mit allen gewünschten Komponenten des Zielprodukts erstellt. Dies kann jederzeit angepasst und neu priorisiert werden. Durch die kurzen Planungs- und Arbeitsphasen sowie ein Umpriorisieren der zu erledigenden Aufgaben bei Abweichungen können mögliche Fehlentwicklungen frühzeitig korrigiert werden.

1.4.4   Kanban

Ziel von Kanban ist es, eine bessere Auslastung, höhere Transparenz und schnellere Iterationen im Projekt zu erreichen.

Die Kerneigenschaften von Kanban sind:

- Visualisieren des Workflows
- begrenzte Pakete im Status Work in Prozess (WiP)
- Messen und Kontrollieren des Flusses
- explizite Regeln für den Prozess
- Modelle einsetzen, um Verbesserungsmöglichkeiten zu erkennen

Grundprinzipien

Folgende Prinzipien liegen Kanban zu Grunde:

1. Regeln: Alle Regeln für den Prozess sollten explizit gemacht werden. So z. B. „Wann ist eine Aufgabe im Status „Done“.“
2. Workflow: Erfassung der Aufgaben im Backlog in absteigender Reihenfolge, damit sichergestellt ist, dass immer Aufgaben in Bearbeitung (in progress) sind und ein stetiger Workflow gegeben ist.
3. Begrenzung der Aufgabe: Begrenzung der Zahl der zur Verfügung stehenden Karten. So wird sichergestellt, dass nicht zu viele Aufgaben begonnen werden.
4. Leadership: Alle Mitarbeiter übernehmen Verantwortung. Die ausführenden Teammitglieder arbeiten aktiv an der Verbesserung von Abläufen.
5. Modelle: Die Verwendung von Modellen wie die der Engpasstheorie, der Komplexitätstheorie oder der Lean IT können unterstützen darin, ein besseres Verständnis für Prozesse zu erlangen und effizientere Lösungen zu finden.
6. Kontinuierlicher Verbesserungsprozess (KVP, Kaizen): Analysieren und Verbessern der Prozesse, um die Effizienz der Arbeitsweise zu erhöhen.

Kanban-Board

Das Kanban-Board dient zur Visualisierung des Workflows. Während bspw. in der Produktion der Materialfluss visualisiert wird, werden im Projektmanagement die Aufgaben dargestellt.

Im klassischen Kanban-System wird das Kanban-Board in drei Spalten eingeteilt:

To Do, In Progress, Done

To Do:
In diese Spalte werden Aufgaben eingetragen, deren Bearbeitung noch nicht begonnen wurde.

In Progress:
Beim Start der Bearbeitung wird die Karte in die mittlere Spalte verschoben.

Done:
Ist die Aufgabe erledigt, wandert die Karte in die rechte Spalte.

Abbildung 16: Einfaches Kanban-Board

Vorgehensweise

Kanban ist ein sehr flexibler Ansatz. Die einzelnen Spalten können an die Anforderungen des Projekts angepasst werden. In manchen Fällen eignen sich vier- oder fünfspaltige Boards besser, um alle Stufen des Entwicklungsprozesses zu erfassen, oder es müssen für die eigenen Arbeitsweisen passendere Bezeichnungen gefunden werden.

Jede Aufgabe wird auf einer farbigen Karte notiert. Je nach Bearbeitungsstatus wandert diese Karte auf einem Board von links nach rechts bis zu ihrer Fertigstellung.

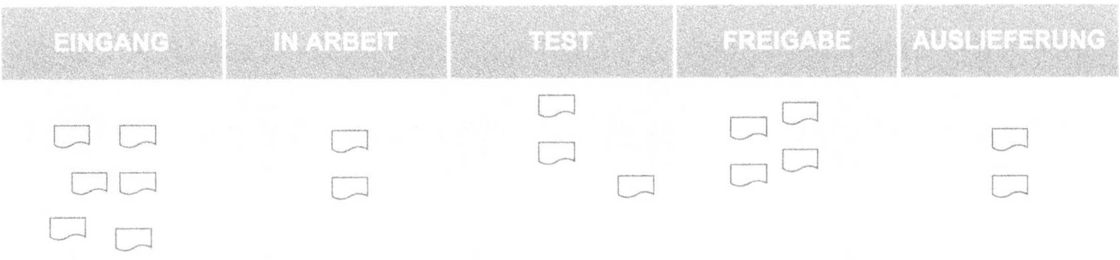

Abbildung 17: Beispiel Kanban-Board in der Softwareentwicklung

Die zu erledigenden Aufgaben werden durch die Teammitglieder ausgewählt, die den Workflow bis zur Auslieferung durchlaufen:

1. Erstellung des Backlogs
2. Einteilung der Aufgaben in: zu erledigen / in Arbeit / erledigt
3. Priorisierung der parallel laufenden Aufgaben
4. Durchführung der Aufgaben nach Priorität

Vor- und Nachteile

Kanban hat wie jede Methode Stärken und Schwächen. Sie ist nicht per se die beste Wahl, sondern eine Variante für ein agiles Vorgehen. Daher gilt es, sich vorab genau zu überlegen, ob die Methode im Kontext des eigenen Projekts und der vorliegenden Arbeitsbedingungen geeignet ist.

Vorteile

Der Vorteil für die Projektarbeit liegt darin, dass der Managementaufwand reduziert und die Abarbeitungsgeschwindigkeit erhöht wird.

Nachteile

Teammitglieder müssen überlappende Kompetenzen haben, damit keine Engpässe entstehen, wenn einzelne Mitarbeiter ausgelastet sind. Damit wird sichergestellt, dass verschiedene Kollegen einspringen können, um das Backlog bis zum Ende abzuarbeiten.

1.4.5 SCRUM

In einem Scrum-Projekt erstellt der Product Owner das Product Backlog. Dies ist eine priorisierte Aufgabenliste für das zu erstellende Ergebnis für das Team.

Aus allen Aufgaben werden Aufgaben für die sog. Sprints (Iterationen), d. h. fest definierten Zeiträumen von bis zu 30 Tagen, ausgewählt. In der Planungsphase, dem „Sprint Planning", wählt das Team die Aufgaben aus dem Product Backlog heraus, die es in der vorgegebenen Zeit umsetzen kann. Das Team entscheidet gemeinsam, wie es dabei vorgeht (Team Commitment).

Der Product Owner ist für den Erfolg des Projekts und den Return on Investment verantwortlich. Der Scrum Master sorgt dafür, dass alle den Prozess verstehen und einhalten. Außerdem stellt er sicher, dass das Team ungestört arbeiten kann. Das Ergebnis jedes Sprints ist ein auslieferungsfähiges Artefakt (z. B. eine Pin-Abfrage-Maske) und das sich somit an den Kunden ausliefern lässt. An den Sprint schließt sich die Retrospektive an, in der der abgeschlossene Sprint in Bezug auf die Qualität des Scrum-Prozesses bewertet wird und ggf. Nachjustierungen für den nächsten Sprint beschlossen werden. Teilnehmer sind das Entwicklerteam und der Scrum Master.

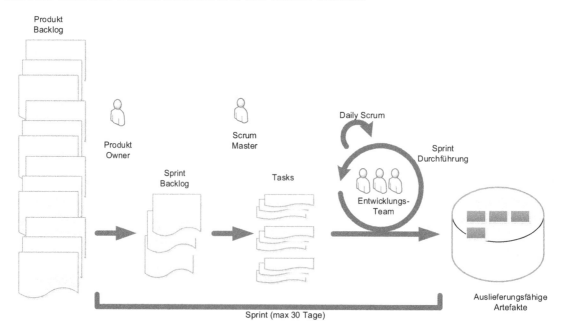

Abbildung 18: Genereller Ablauf von Scrum

Retrospektive

Am Ende jedes Sprints wird eine Retrospektive durchgeführt.

Retrospektiven sind Teamtreffen, bei denen es darum geht, aus der Vergangenheit zu lernen. Dazu schauen die Teammitglieder gemeinsam zurück und bewerten, was gut und was schlecht gelaufen ist. Außerdem analysieren sie, warum Dinge gut oder schlecht waren, um so zu Maßnahmen zur Verbesserung zu kommen.

Vorgehen in der Retrospektive

1. Einleitung Begrüßung, Zielsetzung, Vorgehen

2. Sammeln, bspw. mit Brainstorming:
   Was war gut? Was sollte verbessert werden? Welche Kennzahlen zu Qualität oder Produktivität liegen vor?

3. Analyse
   Warum sind die Dinge so gelaufen? Was waren die Probleme / Erfolgsfaktoren? Welche Maßnahmen können ergriffen werden, um beim nächsten Mal besser oder wieder so erfolgreich zu werden?
   Besonders kritische Themen sollten mit Priorität bearbeitet werden.

4. Maßnahmen beschließen
   Was wird geändert, was beibehalten?

5. Feedbackrunde
   War die Retrospektive sinnvoll genutzte Zeit?
   Was sollte beim nächsten Mal anders laufen?
   Was sollte weiter so gemacht werden?

Timebox

Eine Timebox beschreibt eine Regel, die besagt, dass für eine bestimmte Tätigkeit (Besprechung, Projekt, Sprint) eine bestimmte Zeit und auf keinen Fall mehr zur Verfügung steht. In der agilen Entwicklung ist Timeboxing eine wichtige Komponente des Vorgehens. Wird innerhalb der Timebox die Aufgabe nicht erledigt, wird eine Folgeveranstaltung organisiert.

1.4.6   Simultaneous Engineering

Unter diesem Begriff wird die Parallelisierung von Arbeitsschritten verstanden. Der hierdurch erzielte Zeitvorteil wird ggf. wieder durch einen erhöhten Abstimmbedarf konterkariert. Ohne ein wirksames Konfigurationsmanagement ist Simultaneous Engineering nicht sinnvoll einsetzbar.

Den Schwerpunkt des Simultaneous Engineering bilden Praxiskonzepte, die darauf abzielen, durch weitgehende Parallelisierung von Aufgaben und Prozessen Durchlaufzeiten zu verkürzen und die Wertschöpfungskette zu optimieren.[28]
Simultaneous Engineering bietet nicht nur Chancen, sondern auch Risiken und Probleme, die immer dann auftreten, wenn die Voraussetzungen und Rahmenbedingungen für den Einsatz nicht gegeben sind.

Qualifikation

Sowohl an die Projektleiter als auch an die Mitarbeiter werden hohe Qualifikationsansprüche gestellt. Von den Leitern ist ein hoher Koordinationsaufwand zu bewältigen, von den Mitarbeitern wird eine hohe Teamfähigkeit verlangt.

Informationssicherheit

Bei zeitgleicher Abwicklung mehrerer Prozesse muss die Qualität der Informationen, die zwischen den Prozessbeteiligten ausgetauscht werden, korrekt und aktuell sein. Dies stellt erhöhte Anforderungen an die Kommunikationsfähigkeit der beteiligten Mitarbeiter. Evtl. hieraus entstehende Fehlerkosten können das Projektbudget stark belasten.

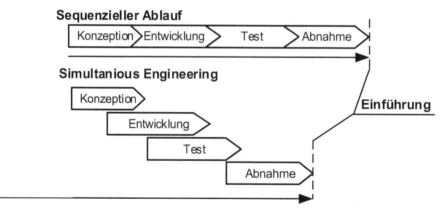

---

[28] Vgl.: [44].

1.4.7   Critical Chain

Die Methode wird in der Netzplantechnik eingesetzt und bildet die Anordnungen der Vorgänge nach optimistischer oder minimaler Dauer ab. Der Fokus bei Critical Chain-Projektmanagement (CCPM) liegt auf dem gesamten Projekt, nicht auf dem Vorgang. Als Besonderheit gibt es keinen Puffer zwischen den Vorgängen, sondern Pufferzeiten werden kumuliert am Ende der Kette angehangen. CCPM basiert auf der Annahme, dass der Mensch nicht multitaskingfähig ist. Daher arbeiten die Projektmitarbeiter zu 100% an einer Aufgabe, so dass es keinen Leerlauf und nur geringe Rüstzeiten für den Mitarbeiter gibt.

1.4.8   Tailoring

Um von einem allgemeinen Modell zu einem projektspezifischen Vorgehen zu gelangen, wird ein Vorgehensmodell auf die Belange des Projektes angepasst. Hierbei spricht man von Tailoring.

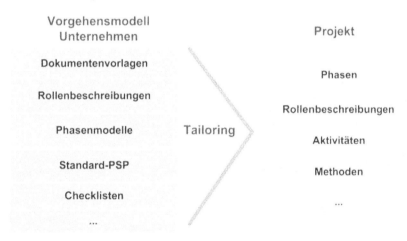

Abbildung 19: Projekt-Tailoring

Zunächst wird ein allgemeines Vorgehensmodell (Unternehmensspezifisch, DIN, Prince etc.) ausgewählt, danach erfolgt eine Anpassung des Modells, indem überflüssige Komponenten entfernt und ggf. zusätzliche, projektspezifische Komponenten hinzugefügt werden.

Ziel des Tailorings ist es, ein auf das Projekt zugeschnittenes Vorgehen zu erhalten, in dem nicht benötigte Ergebnistypen und Prozessschritte eliminiert wurden.

2. ANFORDERUNGEN UND ZIELE

| PM4: 4.5.2 Anforderungen und Ziele

2.1 Projektsteckbrief

Basierend auf der Auswahl des Projektes kann ein erster, grober Steckbrief des Projektes erstellt werden. Dieser dient im Wesentlichen dazu, einen Überblick über die wichtigsten Projektparameter zu bekommen.

Pj-Nr	Projektname	Trägerorganisation	Projektdauer (von - bis)	
SO2002	Sun Organizer	ROT GmbH	**12/2001**	**08/2003**
Auftraggeber:		**ROT GmbH Geschäftsführung A. Peyfrau**		
Projekt-Kurzbeschreibung Zur Erweiterung des Produktportfolios ist die Entwicklung einer vermarktungsfähigen Software-Komplettlösung für die Steuerung von Sonnenbänken und allen betriebswirtschaftlichen Prozessen von Sonnenstudios beauftragt worden. Eine Vorstudie hierzu liegt vor. Insbesondere soll der polnische Markt durch die Unterstützung der polnischen Sprache erschlossen werden. Ein Lastenheft liegt vor, das Pflichtenheft (Konzeption/Spezifikation) ist mit den Auftraggebern abzustimmen.				
Projektziele: Kosten: Budgeteinhaltung <= 465.000,-€ Termine: Prototyp 15.10.2002, produktionsreife Anwendung 30.08.2003, Pilotierungsbeginn 01.03.2003 Leistung: Erstellung einer vermarktungsfähigen Lösung gem. Anforderungskatalog aus der Vorstudie				
Projekt-Gesamtkosten EURO - Plankosten:	**485.000,-**	**IST-Kosten:**		**470.000,-**
Anteil Plankosten PM-Aufwand:	**Anteil Plankosten Eigenleistung**		**Anteil Plankosten Fremdleistung**	
176.000,-	200.000,-		89.000,-	
Anteil IST-Kosten PM-Aufwand:	**Anteil IST-Kosten Eigenleistung**		**Anteil IST-Kosten Fremdleistung**	
177.000,-	**185.000,-**		**108.000,-**	
Projektorganisation: Reine Projektorganisation				
Lenkungsausschuss: **Geschäftsführung ROT GmbH (Vorsitz), Geschäftsführer Sunnie, Hr. Heinz**				
Hauptrisiken: **Technologie unbekannt, polnischer Markt**				

Abbildung 20: Beispiel Projektsteckbrief

2.2   Ziele

Ziele begründen die Handlungsgrundlage des Projektleiters im Projekt und bilden den Ausgangspunkt der weiteren Projektplanungen. Zu den ersten Schritten im Projekt gehört die Festlegung auf das Projektziel (Oberziel). Es ist der Ausgangspunkt für jede weitere Planung und die Durchführung des Projektes.

Ein Projekt besteht aus einer Vielzahl von Zielen (Unterziele, Teilziele), zwischen denen zumeist noch eine Beziehung besteht. Diese mehrdimensionale Gesamtheit der Projektziele bezeichnet man auch als Zielsystem. Die Formulierung der Ziele ist die Aufgabe des Projektteams.

2.2.1   Definition

Die DIN-Normen 69901-5:2009 definiert das Projektziel folgendermaßen:

> *„Gesamtheit von Einzelzielen, die durch das Projekt erreicht werden."*

2.2.2   Wesentliche Funktionen von Zielen

Verbindungsfunktion
Ein oft unterschiedlicher Hintergrund der Projektbeteiligten erschwert die Bildung eines „Wir"-Gefühls. Klare Ziele können das Projektteam zusammenrücken lassen und helfen, ein gemeinsames Verständnis für das Projekt zu erzeugen.

Orientierungsfunktion
Wohin geht die Reise? Die Vorgabe einer Richtung motiviert die Mitarbeiter.

Kontrollfunktion
Die Ziele dienen als Prüfsteine für den Projekterfolg.

Koordinationsfunktion
Ziele erleichtern die Koordination der einzelnen Projekttätigkeiten, insbesondere anhand der Zielprioritäten.

Selektionsfunktion
Ein gutes Zielsystem erleichtert die Arbeit, sich für die richtigen Alternativen bzw. Prioritäten zu entscheiden.

2.2.3   Zieldefinition – Vorgehensweise

| Identifikation | Formulierung | Erstellung Zielsystem | Operationalisieren | Priorisieren |

2.2.4   Identifikation von Zielen

Die Grundlage der Zielidentifikation bilden die Anforderungen des Auftraggebers aus dem Pflichtenheft. Zusätzlich können jedoch weitere Ziele vorhanden und für das Projekt relevant sein. Potenzielle Quellen für die Zielfindung sind: Workshop, Lastenheft, Anforderungen des Kunden, Systemanforderungen, Normen.

Zielgrößen – Das magische Dreieck

Ziele können in die Zielgrößen Termin, Kosten und Leistung aufgeteilt werden. Als eine Grundlage und Leitlinie zur Zielfindung kann das magische Dreieck des Projektmanagements dienen:

Abbildung 21: Das „magische Dreieck" des Projektmanagements

Dies ist jedoch im Sinne einer Projekterfolgsbetrachtung zu wenig. So sollten die Interessen der Stakeholder und soziale Ziele zusätzlich in die Ziel-Betrachtung miteinbezogen werden.

Als Vorgehensweise zur Zielidentifikation werden folgende Verfahren verwendet:

Top-down-Verfahren

Herunterbrechen eines Zieles von oben nach unten in Unterziele.

Bottom-up-Verfahren

Sammlung von Ideen auf unterster Ebene mit anschließender Verdichtung nach oben.

2.2.5 Zielformulierung

Ziele sollen so formuliert sein, dass sie

- erreichbar,
- vollständig,
- widerspruchsfrei,
- nicht interpretierbar,
- prüfbar,
- lösungsneutral,
- dokumentiert und
- zwischen Auftraggeber und Projektleiter abgestimmt und von beiden akzeptiert

sind, so dass eine möglichst widerspruchsfreie Definition der Ziele erreicht wird.

Um die Zielformulierungen zu prüfen, haben sich auch die Akronyme SMART (für Specific, Measurable, Achievable, Reasonable, Time Bound) und AROMA bewährt:

S	Spezifisch	A	Annehmbar
M	Messbar	R	Realisierbar
A	Akzeptiert / Erreichbar	O	Objektiv
R	Realistisch	M	Messbar
T	Terminiert	A	Aussagefähig

2.2.6 Erstellung Zielsystem

Um eine hierarchische Übersicht der Ziele zu bekommen, kann eine grafische Darstellung des Zielsystems, eingeteilt nach Vorgehens- und Leistungszielen oder, in Anlehnung an das Magische Dreieck, nach den Zielgrößen Termin, Kosten, Leistung, vorgenommen werden. In den folgenden Abbildungen sind beispielhafte Zielsysteme nach den genannten Zielgrößen skizziert.

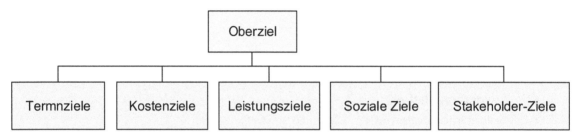

Abbildung 22: Zielsystem nach Zielgrößen des magischen Dreiecks

Eine weitere Möglichkeit ist die Unterteilung nach Ergebnis- und Vorgehenszielen:

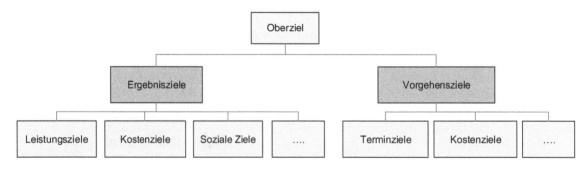

Abbildung 23: Zielsystem nach Zielgrößen Ergebnis / Vorgehen

2.2.7 Operationalisieren der Projektziele

In der nachfolgenden Tabelle wird beispielhaft dargestellt, wie Ziele operationalisiert, im Sinne von messbar gemacht, werden können.

Ziel	Operationalisiertes Projektziel
Leistungsziele	
L1: Die Verwaltungssoftware wurde vom Testteam abgenommen.	Alle Funktionen sind gem. Testplan getestet; keine Klasse 1 und 2 Fehler mehr vorhanden.
Kostenziele	
K1: Einhaltung der Gesamtbudgetgrenze	Die geplanten Gesamtkosten von 280.000,-€ werden nicht überschritten. Der Testaufwand der Abnahmetester wird vom Pilotkunden Sunnie getragen.
Terminziele	
K2: Prototyperstellung Solarium-Ansteuerung	Eine getestete Version des Prototyps liegt bis zum 30.04.2003 vor. Keine Fehler der Klasse 1 vorhanden.

Abbildung 24: Operationalisieren von Projektzielen

2.2.8 Priorisierung

Zur besseren Planung werden Ziele priorisiert. Hier bietet sich eine Einteilung nach Muss-, Kann- und Soll-Zielen an.

Zielpriorität	Auswirkung bei Nicht-Erreichung
Mussziele (M)	Das Projekt ist gescheitert.
Sollziele (S)	Die Zufriedenheit der Stakeholder wird negativ beeinflusst.
Kannziele (K)	„nice to have", nur geringe Auswirkungen

Tabelle 3: Zielpriorität

Zielbeziehungen

Ziele können einander beeinflussen, daher ist nach der Definition der Ziele jedes Ziel mit allen anderen Zielen auf seine Zielverträglichkeit zu prüfen und ggf. weiterführende Maßnahmen zu ergreifen.

Zielidentität

Mehrere Ziele, die inhaltlich deckungsgleich sind.

Zielkomplementarität

Die Verfolgung eines Ziels unterstützt gleichzeitig die Erreichung eines anderen Ziels.

Zielneutralität

Ziele, die voneinander vollkommen unabhängig sind.

Zielkonkurrenz

Die Erfüllung eines Ziels beeinträchtigt die Erfüllung anderer Ziele.

Zielantinomie

Zwei Ziele schließen sich vollständig aus.

Zur übersichtlichen, visuellen Darstellung der Zielbeziehungen bietet sich eine Grafik an:

	Z1	Z2	Z3	Z4	Z5	Z6	Z7	Z8	Z9	Z10
Z1		o	o	o	o	o	o	o	o	o
Z2			–	x	x	x	x	x	o	o
Z3				+	o	+	k	o	o	o
Z4					o	o	k	o	o	o
Z5						k	o	x	o	o
Z6							k	x	o	o
Z7								o	o	o
Z8									o	o
Z9										o
Z10										

Abbildung 25: Zielbeziehungsmatrix

Die folgenden Entscheidungsregeln helfen bei der Behandlung von auftretenden Zielkonflikten:

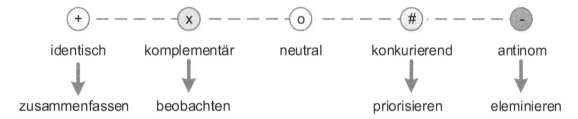

+	x	o	#	-
identisch	komplementär	neutral	konkurrierend	antinom
zusammenfassen	beobachten		priorisieren	eleminieren

Abbildung 26: Zielbeziehungen und Strategie

2.3　Projektbeispiel – Zieldefinition

Projektziel (Oberziel): Erstellung einer vermarktungsfähigen Software für Sonnenstudios.

Terminziele

Ziel	Kriterium	Priorität
Prototyp	Erstellung eines lauffähigen Prototyps bis zum 15.10.2002	M
Produktionsreife Anwendung	Keine Fehler der Klasse 3 bis zum 30.08.2003	M
Pilotierungsbeginn	Start der Pilotierung am 01.03.2003	S

Tabelle 4: Terminziele

Kostenziele

Ziel	Kriterium	Priorität
Entwicklungskosten gesamt	Maximal 485.000,-€ Entwicklungskosten	M
Tester	Tester werden kostenfrei von Sunnie gestellt	M

Tabelle 5: Kostenziel

Leistungsziele

Ziel	Kriterium	Priorität
Artikelverwaltung	Verwaltung von bis zu 10.000 Artikeln	M
Kundenverwaltung	Verwaltung von bis zu 10.000 Kunden	M
Kasse	Bis zu 10.000 Vorgänge jährlich	M
Mitarbeiterverwaltung	Verwaltung für bis zu 100 Mitarbeiter	M
Fernsteuerung	Fernsteuerung der Anwendung über IP; Zugriff über Remote-Einwahl für einen zugelassenen Administrator.	M
Vernetzung	Vernetzung von bis zu fünf Sonnenstudios über IP (Internet und LAN)	M
Sprachunterstützung	Unterstützung von Polnisch als zweite Sprache	M
Zusatzbildschirm	Anschlussmöglichkeit für zweiten Monitor über eine Dual-Grafikkarte	S
Hardware Entwicklung	Eigenentwicklung der Ansteuerung aus Standardbausteinen bis maximal 16 Sonnenbänke	K

Tabelle 6: Leistungsziele

3. STAKEHOLDER

| PM4: 4.5.12 Stakeholder

3.1   Projektumfeld

Der Erfolg oder Misserfolg eines Projektes hängt nicht allein von der einwandfreien technischen Umsetzung ab. Vielmehr können verschiedene Einflussfaktoren auf ein Projekt
sowohl negative als auch positive Impulse hervorbringen. Daher ist eine Betrachtung des
Projektumfeldes zu Beginn des Projektes sowie regelmäßig im Projektverlauf essenziell
für den Projekterfolg.

Abbildung 27: Projektumfeldfaktoren

Hinzu kommen die relevanten Stakeholder. Als Stakeholder werden eine Person oder
Gruppe bezeichnet, die ein Interesse am Verlauf oder dem Ergebnis eines Projekts hat.[29]

---

[29] Vgl. [25], Seite 133.

3.1.1 Vorgehensweise Umfeldanalyse

| Identifikation | Gruppierung/ Klassifikation der Umfeldfaktoren | Dokumentation | Bewertung (Schnittstellen) |

In der Umfeldanalyse wird zwischen dem sachlichen und dem sozialen Umfeld sowie zwischen dem internen (Projektumfeld) und externen (außerhalb des Projektumfeldes) Einfluss unterschieden.

Die Umfeldfaktoren werden in einer Matrix dargestellt.

Die sachlichen Umfeldfaktoren werden dann zunächst in einer Schnittstellenmatrix bewertet und ggf. in der Risikoanalyse weiter analysiert. Die sozialen Umfeldfaktoren werden in der Stakeholder-Analyse weiter betrachtet und dort bewertet.

3.1.2 Projektbeispiel – Umfeldanalyse

	intern	**extern**
Sachlich	1. Projektmanagementhandbuch 2. Infrastruktur	3. Ausländischer Markt (Polen) 4. Kapitalmarkt 5. Hardwarelieferanten / Angebot am Markt 6. Mitbewerbersituation 7. Sicherheit / Gesetze
Sozial	1. Pilot-Sonnenstudios (Betreiber) 2. Ausstatter v. Sonnenstudios Sunnie - Finanzierungspartner 3. Externe Mitarbeiter / Berater 4. Pilot-Sonnenstudios (Tester)	5. Bank (Finanzierung) 6. Hardwarelieferanten 7. Egoflat (Hersteller von Sonnenbänken), Vertrieb 8. GF ROT GmbH 9. Solarienbetreiber (Polen) 10. Werbeagentur

Abbildung 28: Beispiel-Matrix der Umfeldanalyse

Schnittstellenmatrix

Die identifizierten sachlichen Umfeldfaktoren werden in einer Schnittstellenmatrix näher betrachtet. Sollte sich daraus ein Risiko ergeben, wird der Umfeldfaktor in die Risikoanalyse aufgenommen.

Umfeld	Spezifikation	Faktoren
Projektmanagementhandbuch (PMA)	Abwicklung des Projekts nach dem Projektmanagement-Handbuch der ROT GmbH für risikoreiche Projekte	Rechtlich
Infrastruktur	Raumsituation am Standort Nienburg • Verfügbare Rechner / Hardware / Arbeitsmittel bereitstellen	Sachlich
Ausländischer Markt (Polen)	Sprachbarriere • Zulassungsverfahren von Software und Hardwarekomponenten prüfen (Gesetzeslage unklar). Aufnahme als Risiko • Kommunikationsmöglichkeiten in Englisch oder Deutsch, eingeschränkt in Polnisch prüfen.	Rechtlich
Kapitalmarkt	Finanzierungsmöglichkeiten • Gesamtsituation der Kapitalbeschaffung beobachten, Finanzierungsalternativen betrachten.	Wirtschaftlich
Hardwarelieferanten / Angebot am Markt	Vorhandene Steuerungseinheiten oder Neuentwicklung • Alternativen zur Eigenentwicklung und Lieferantensituation am Markt für Hardware prüfen.	Wirtschaftlich
Mitbewerbersituation	Konkurrenzsituation durch vergleichbares Produkt vorhanden? • Freewaremarkt betrachten	Wirtschaftlich
Sicherheit	Gesetzliche Vorschriften für elektrische • Anlagen prüfen. (Zielländer: Deutschland, Polen, EU-Recht) Aufnahme als Risiko	Rechtlich

Tabelle 7: Schnittstellenmatrix

3.2 Stakeholder

3.2.1 Definitionen

Stakeholder

Personen oder Personengruppen, die einen Anspruch am Projekt und an dessen Ergebnissen haben, an dem Projekt beteiligt sind, von dem Projekt betroffen sind oder sich subjektiv vom Projekt betroffen fühlen.

Promotoren

Promotoren sind besondere Stakeholder, wie Macht- und Fachpromotoren, die das Projekt unterstützen können.

Machtpromotoren – können den Projektleiter durch ihr Durchsetzungsvermögen im Unternehmen, bspw. bei schwierigen Problemen, unterstützen.

Fachpromotoren – fördern den Entscheidungsprozess durch ihre fachliche Kompetenz und unterstützen die Akzeptanz z. B. im Unternehmen oder ggü. dem Kunden.

Jeder Projektleiter sollte daher bemüht sein, solche Promotoren zu erkennen und/oder zu gewinnen.

Bündnis

Ein Bündnis ist ein Zusammenschluss aufgrund von gemeinsamen Interessen. Ein Bündnis kann, muss aber nicht, auf Dauer bestehen.

Netzwerk

Unter Netzwerk werden die soziale Bindung und Interaktion zwischen Beteiligten von unterschiedlicher Dauer und Stärke der Beziehung verstanden. Netzwerke können im Projekt den Erfahrungsaustausch und die Informationsbeschaffung erleichtern.

3.2.2 Vorgehen Stakeholder-Analyse

Die Stakeholderanalyse wird in folgenden Schritten durchgeführt:

Identifizieren	Interessen analysieren	Macht und Konfliktpotenzial ermitteln	Maßnahmen planen	Controling der Maßnahmen

1.   Identifizieren

Für die Identifikation von Stakeholdern kann u. a. auf folgende Quellen zurückgegriffen werden:

- soziales Umfeld aus der Umfeldanalyse
- Workshop mit dem Projektteam
- Expertenbefragung

Nr.	Stakeholder
1	Geschäftsführer
2	Betriebsrat

Die identifizierten Stakeholder werden in einer Tabelle erfasst.

2.   Interessen analysieren

Bekannte und vermutete Interessen der Stakeholder werden ermittelt und die Tabelle damit erweitert. Achtung: Hier handelt es sich um subjektive Einschätzungen.

Nr.	Stakeholder	Interessen	
		vermutet	bekannt
1	Geschäftsführer	Budget sparen	Projekterfolg sicherstellen
2	Betriebsrat	Projekt als Hilfe für die Wiederwahl nutzen	Arbeitsplätze sichern

3. Macht und Konfliktpotenzial ermitteln

Einschätzung des Einflusses / der Macht auf das Projekt:

- mögliches Konfliktpotenzial bestimmen
- Erweiterung der Tabelle und Darstellung als Portfolio

Nr.	Interessen		Macht	Konflikt-potenzial
	vermutet	bekannt		
1	Budget sparen	Projekterfolg sicher-stellen	hoch	niedrig
2	Projekt als Hilfe für die Wiederwahl nutzen	Arbeitsplätze sichern	hoch	hoch

Die Darstellung der Macht und des Konfliktpotenzials erfolgt in einem Stakeholder Portfolio:

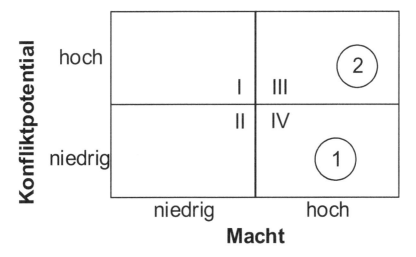

Abbildung 29: Stakeholder-Portfolio

Zusätzlich kann noch die generelle Einstellung (positiv / negativ) zum Projekt dargestellt werden. Diese Einschätzung ist bei der gezielten Maßnahmenplanung relevant, da sich die Maßnahmen für die jeweiligen Stakeholder unterscheiden werden.

4. Maßnahmen planen

Generell sollte die Kommunikation mit den Stakeholdern aktiv, ehrlich, rechtzeitig und offen gestaltet werden.

Als grundlegende Kommunikationsstrategien werden dabei unterschieden:[30]

- **Kooperativ / Partizipativ**
  der Stakeholder als Partner, Einbeziehung in Entscheidungsvorgänge
- **Diskursiv**
  Einbeziehung und Diskussion, jedoch keine gemeinsame Entscheidungsfindung
- **Repressiv**
  kein Dialog, maximal Information

Je Quadrant der Stakeholder-Matrix sollte eine generelle Strategie zur Stakeholder-Kommunikation definiert werden. Diese Quadranten-Strategie hilft im Projektverlauf insbesondere dann, wenn Stakeholder hinzukommen oder von einem Quadranten in den anderen Quadranten wechseln. Dann können schnell Maßnahmen zur Kommunikation eingeplant und aufgenommen werden.

Individuelle Maßnahmen sollten bei Bedarf für ausgewählte Stakeholder berücksichtigt werden. Bspw. ist der Auftraggeber trotz eines geringen Konfliktpotenzials als wichtiger Stakeholder dementsprechend zu berücksichtigen. Dies wird z. B. durch eine persönliche Berichterstattung durch den Projektleiter durchgeführt.

Zusätzlich ist zu beachten, dass die generelle Einstellung zum Projekt Berücksichtigung findet, indem die Maßnahmen für Unterstützer und Gegner angepasst werden.

5. Controlling der Maßnahmen

Die regelmäßige Überprüfung der Sinnhaftigkeit und Wirksamkeit der geplanten Maßnahmen und ggf. Anpassung der Maßnahmen im Projektverlauf wird eingeplant. Neue Stakeholder kommen hinzu, alte Stakeholder verlassen den Einflussbereich des Projektes.

---

[30] Vgl. [46], Seite 35.

3.2.3 Projektbeispiel – Stakeholder-Analyse

Tabelle 8: Stakeholder-Tabelle

Nr.	Stakeholder	Konflikt-potenzial	Macht	Interessen (V-Vermutet, B-Bekannt)	Einstellung Positiv: + Negativ: −
1	Pilot-Sonnenstudios (Betreiber)	Niedrig	Niedrig	Günstige Softwarelösung (B) Effiziente Abläufe (V)	+
2	Ausstatter v. Sonnenstudios Sunnie - Finanzierungs-partner	Hoch	Hoch	Profit (B) Marktfähige Lösung (V) Investitionssicherung (B)	+
3	Externe Mitarbeiter / Berater	Niedrig	Niedrig	Auftragslage erhalten (V)	+
4	Hardware-lieferanten	Niedrig	Niedrig	Profit (B)	+
5	Bank (Finanzierung)	Hoch	Hoch	Zinserträge (B) Risikominimierung (V)	−
6	Pilot-Sonnenstudios (Tester)	Niedrig	Hoch	Erweiterung der Erfahrung (V)	+
7	Egoflat (Hersteller von Sonnenbänken), Vertrieb	Niedrig	Niedrig	Zusätzliche Marketingchance (V) Vertriebserfolg (V)	+
8	GF ROT GmbH	Niedrig	Hoch	ROI (B) Diversifikation (B)	+
9	Solarienbetreiber (Polen)	Niedrig	Niedrig	Nutzung der Software (B) Preisvorteile beim Erwerb der Software (V)	+
10	Werbeagentur	Niedrig	Niedrig	Folgeaufträge (V) gute Referenzen (V)	+

Abbildung 30: Stakeholder-Portfolio

Quadranten-Strategie

Quadrant	Strategie (Einstellung: positiv (+), negativ (−))
I	Zusendung Infomaterial zum Projektinhalt (+/−) Aufnahme in den Infobriefverteiler (+/−)
II	Aufnahme in den Infobriefverteiler (+/−)
III	Persönliche Information durch den Projektleiter (monatlich) (+) Einladung zu fachlichen Workshops (+) Aufnahme in den Infobriefverteiler (−/+)
IV	Persönliche Information durch den Projektleiter (monatlich) (+) Aufnahme in den Infobriefverteiler (−/+)

Tabelle 9: Quadranten-Strategie

Je nach der Einstellung zum Projekt können die Maßnahmen voneinander abweichen.

4. CHANCEN UND RISIKEN

PM4: 4.5.11 Chancen und Risiken

Es wird schon gut gehen!

Mit dieser Einstellung starten viele Projekte und verdrängen dabei viele oder sogar alle Risiken eines Projekts. Risikomanagement wird, insbesondere bei kleineren Projekten, häufig vernachlässigt. Sprachlich werden Risiken zuweilen sogar verniedlicht:

Ein Kunde äußerte sich einmal wie folgt: „Wir haben keine Risiken, sondern Herausforderungen! Also nennen wir es Herausforderungsmanagement."

Besser ist es jedoch, die Risiken aktiv anzugehen. Tom de Marco schrieb im Buch „Der Termin": „Managen Sie Ihre Projekte, indem Sie Ihre Risiken managen."[31] Und führte weiter aus: „Risikomanagement ist Projektmanagement für Erwachsene".[32]

Das Projekt-Risikomanagement ist ein systematischer Prozess der Identifizierung, Analyse und Reaktion auf Projektrisiken.

Dies umfasst sowohl

- das Maximieren der Wahrscheinlichkeit und Folgen von positiven Ereignissen (Chancen) als auch
- das Minimieren der Wahrscheinlichkeit und der Folgen negativer Ereignisse, die sich auf das Projektziel auswirken können (Risiken).

4.1   Definition

Ein Risiko beschreibt eine zukünftige negative Auswirkung auf das Projekt.

---

[31] Quelle: [13].
[32] Quelle: [12].

4.2 Vorgehen

Die Abbildung 31: Genereller Ablauf des Risikomanagements" zeigt den generellen Prozess des Risikomanagements. Wichtig ist bei der Risikoanalyse, dass sie immer im Team durchgeführt wird, um unterschiedliche Erfahrungen und Sichtweisen mit in die Betrachtung einzubeziehen.[33]

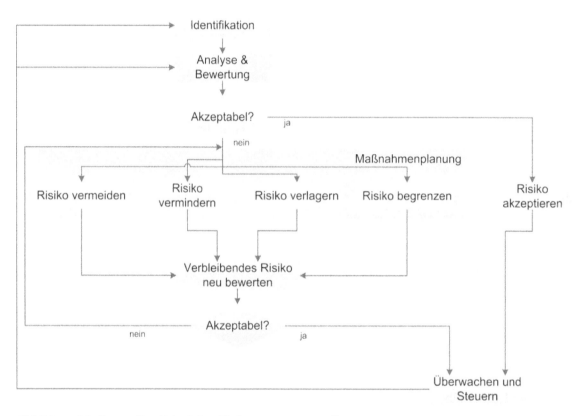

Abbildung 31: Genereller Ablauf des Risikomanagements[34]

---

[33] Angelehnt an [28], Seite 15.

[34] Vgl. [28], Seite 13.

1. Identifikation von Risiken

Für diesen Schritt sollten Fachgebietsspezialisten, Beteiligte, Projektteam und externe Experten hinzugezogen werden.

- Risiken aufspüren, die sich auf das Projekt auswirken können.
- Interne und externe Risikoquellen finden und darstellen.
- Ursachen und Auswirkungen der Risiken zeigen.

Quellen zur Identifikation von Risiken können Terminpläne, Umfeldanalyse, Stakeholder-Analyse, Verträge, Lastenheft, Pflichtenheft, Ressourcenplanungen etc. sein. Dabei können Risikoarten als Hilfestellung zur Risikofindung eingesetzt werden. Typische Kategorien (Arten) sind:

Abbildung 32: Risikokategorie nach Risikoarten

Die gefundenen Risiken werden erfasst und möglichst präzise beschrieben.

Nr.	Beschreibung	Risikoart
1	Keine Zulassung elektr. Komponenten in Polen	Politisch

Tabelle 10: Risikotabelle Schritt 1

2. Analyse & Bewertung der Risiken

Im zweiten Schritt werden die Risiken weiter spezifiziert; die Ursachen und Auswirkungen auf das Projekt ermitteltet, beschrieben und monetär bewertet.

Bei der Analyse der gefundenen Risiken unterscheidet man zwischen qualitativen und quantitativen Risiken. Die quantitativen Risiken können sofort bewertet und berechnet werden. Die qualitativen Risiken müssen zunächst mit einer Bewertungs- oder Berechnungsgrundlage versehen werden. Bspw. sind Reputationsschäden nur schwer monetär bewertbar, d. h. was ist der „gute Ruf" wert?

Alle Risiken müssen monetär mit einer vermuteten Schadenshöhe (SH) bewertet werden. Zusätzlich wird die Eintrittswahrscheinlichkeit ermittelt / geschätzt. Aus diesen Werten wird dann der Risikowert (RW) berechnet:

Eintrittswahrscheinlichkeit (EW) × Schadenshöhe (SH) = Risikowert (RW)

Nr.	Ursache	Auswirkung	Art	EW %	SH in €	RW in €
1	Markprotektionismus der Behörden	Verspäteter Einsatz ca. 6 Monate Verzögerung	politisch	20	30.000,-	6.000,-

Tabelle 11: Risikotabelle Schritt 2

Die Summe der Risikowerte wird oft als Risikorückstellung im Projektbudget aufgenommen. Eine andere Möglichkeit ist eine prozentuale Risikorückstellung bzw. ein Risikoaufschlag auf das Projektbudget (bspw. von 15 % der Plankosten).

Zur Visualisierung der Risiken kann ein Risikoportfolio eingesetzt werden, um daraus Maßnahmen abzuleiten.

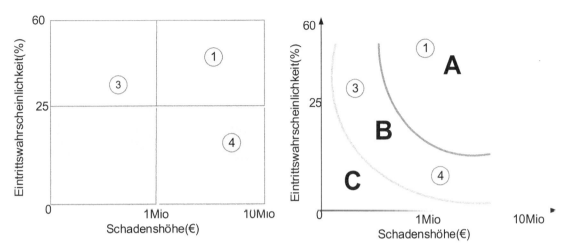

Abbildung 33: Risikoportfolio

3.   Maßnahmen planen

Nachdem die Risiken bewertet wurden, können geeignete Maßnahmen geplant werden. Hierbei ist die jeweilige Risikopräferenz des Projekts maßgeblich. Bei per se risikoreichen Projekten wird in der Regel ein höheres Risiko akzeptiert als bei „Standardprojekten".

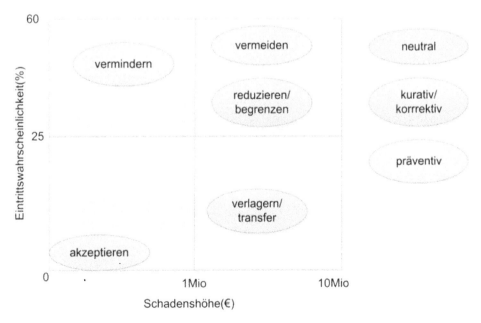

Abbildung 34: Risikostrategie

Die Risikostrategie richtet sich u. a. auch nach der persönlichen Risikopräferenz und der Art des Projekts. So kann ein Risiko in einem F&E-Projekt akzeptabel sein, während dasselbe Risiko in einem „Routineprojekt" völlig inakzeptabel ist.

Strategie zur Risikobegegnung	Bedeutung
Akzeptieren	Bei Schadenseintritt werden die Kosten aus dem Projektbudget getragen.
Vermindern	Verminderung der Eintrittswahrscheinlichkeit bspw. durch alternative Vorgehensweisen (Einsatz einer bewährten Technik anstatt einer neuartigen unerprobten Technik).
Vermeiden	Das Risiko wird eliminiert, d. h. nicht eingegangen. Anstatt der gefährlichen Reiseroute durch die Untiefen einer Meerenge wird der sichere Weg über die Alternativroute gewählt.
Verlagern	Risiko an einen anderen adressieren, z. B. Abwälzen auf Lieferanten.
Begrenzen	Begrenzung der Schadenshöhe, z. B. durch Versicherungen.

Tabelle 12: Risikostrategie 1

Generell wird zwischen präventiven Maßnahmen, die vor dem Risikoeintritt auf die Höhe der Eintrittswahrscheinlichkeit wirken, und kurativen Maßnahmen, die die Schadenshöhe begrenzen, unterschieden. Zusätzlich sollten die Strategien der Risikobegegnung festgelegt werden:[35]

---

[35] Vgl. [43], Seite 246.

Nach der Festlegung der Strategie und Planung von potenziellen Maßnahmen wird entschieden, welche Maßnahmen durchgeführt werden. Die Kosten der Maßnahmen werden dem Projektbudget zugerechnet:

Nr.	Maßnahme	Wirkung/Art	Kosten €	Durchführung: ja/nein
1.1	Tragen	Kurativ	30.000,-	Nein
1.2	Vorgespräche in Polen führen	Präventiv	5.000,-	Ja

Tabelle 13: Risikostrategie 2

Im Anschluss daran werden die Risiken (EW, SH, RW) neu bewertet und die neue Summe der Risikowerte ggf. dem Budget zugerechnet.

4.   Risiko-Controlling

Das Risiko-Controlling ist die Überwachung und Verfolgung der identifizierten Risiken und ist ein sich wiederholender Prozess während der gesamten Projekt-Dauer:

- Neue Risiken müssen identifiziert werden und kommen hinzu, z. B. aus Änderungsanforderungen.
- Umsetzung der Risikopläne und der Beurteilung ihrer Effizienz für die Risikoreduzierung.
- Bestehende Risiken können sich verschärfen bzw. entfallen.
- Die Eintrittswahrscheinlichkeit kann sich für Risiken ändern.

4.3 Exkurs: FMEA: Failure Mode and Effects Analysis

FMEA[36] ist eine Methode, um potenzielle Risiken in Produkten und Prozessen zu finden. Im Rahmen des Risikomanagements und Qualitätsmanagements ist die FMEA (dt. „Fehlermöglichkeits- und Einfluss-Analyse") ein Werkzeug zur Fehlervermeidung und Erhöhung der technischen Zuverlässigkeit und Eingrenzung des Risikos.

Vorgehen

1. Scoping:
   Eingrenzung des Analyseumfangs. Ziel: Teile / Prozesse sind ausgewählt.
2. Strukturanalyse:
   Erfassung der beteiligten Systemelemente und Erstellung der Systemstruktur. Ziel: Systemdefinition verifizieren
3. Funktionsanalyse:
   Zuordnung der Funktionen zu Systemelementen und Verknüpfung zu einem Funktionsnetz. Ziel: Verifikation der Systemanforderungen.
4. Fehleranalyse:
   Fehlfunktionen erfassen und den Funktionen zuordnen; Fehfunktionen zu einem Fehlernetz verknüpfen. Ziel: Identifikation möglicher Probleme und deren Auswirkungen. Hilfsmittel: FMEA-Formblatt
5. Maßnahmenanalyse:
   Ist-Zustand (Anfangszustand) inkl. Vermeidungs- und Entdeckungsmaßnahmen bewerten. Verantwortliche und Termine festlegen.
6. Risikoeinschätzung
7. Optimierung:
   Änderungsstand erarbeiten, Maßnahmen für Risiken definieren, Verantwortliche und Termine festlegen. Hilfsmittel: FMEA-Formblatt

Das Ziel von FMEA ist die präventive Minimierung der Produkt- und Prozessrisiken.

---

[36] Vgl. [24].

4.4 Praxisbeispiel – Risikoanalyse

Analyse und Bewertung der fünf wichtigsten Risiken

Nr.	Beschreibung	Ursache	Auswirkung	Art	EW %	SH in €	RW in €
1	Hardware Standardkomponenten entsprechen nicht den Anforderungen	Fehlendes Know-how	Eigenentwicklung notwendig	T	20	30.000,-	6.000,-
2	Finanzierung: Bank stellt das Darlehen nicht bereit	Unterlagen nicht ausreichend	Höhere Zinsen	K	10	50.000,- * 0,05%*2 = 50,-	5,-
3	Qualifikation der abgestellten Mitarbeiter nicht ausreichend	Fehlende Ausbildung der MA	Verzögerung um 1 Monat	R	5	1 Monat*5 MA*50,- = 40.000,-	2.000,-
4	Gesetzeslage in Polen zu technischen Anlagen noch unklar	Fehlende Erfahrung im polnischen Umfeld	Nacharbeiten an technischen Komponenten notwendig	P	5	10.000,-	500,-
5	Firma Sunnie kommt finanzieller Verpflichtung nicht nach	Liquiditätsengpass	Eigenfinanzierung notwendig	K	10	10.000,-	1000,-
			Summe				**9.505,-**

Tabelle 14: Risikotabelle Schritt 2

Legende:

T – Technisch
K – Kaufmännisch
R – Ressourcen
P – Politisch

Risiko-Portfolio vor Maßnahmenplanung

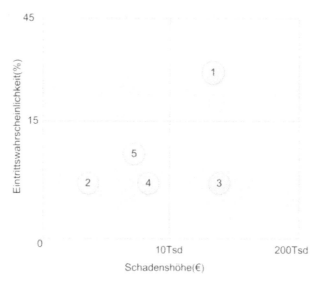

Abbildung 35: Risikoportfolio vor Maßnahmenplanung

Maßnahmenplanung

Nr.	Maßnahme	Wirkung/Art	Kosten €	Durchführung: ja/nein
1.1	Tragen	Kurativ	30.000,-	Ja
1.2	Anderen Lieferanten suchen	Präventiv	5.000,-	Nein
2	Tragen	Kurativ	5,-	Ja
3.1	Externe MA	Kurativ	40.000,-	Nein
3.2	Ausbildung d. MA	Präventiv	5.000,-	Ja
4.1	Tragen	Kurativ	10.000,-	Nein
4.2	Rechtsanwalt konsultieren und Gutachten einholen	Präventiv	800,-	Ja
5.1	Eigenmittel einsetzen	Kurativ	100.000,-	Nein
5.2	Bürgschaft verlangen	Präventiv	0,-	Ja
	Summe		**6.305,-**	

Tabelle 15: Risikoanalyse – Maßnahmen

Bewertung der Risiken nach Maßnahmenplanung

Nr.	Beschreibung	Risikoart	EW (%)	SH in €	RW in €
1	Hardware Standardkomponenten entsprechen nicht den Anforderungen; Eigenentwicklung notwendig	Technisch	20	30.000,-	6.000,-
2	Finanzierung Bank stellt das Darlehen nicht bereit	Kaufmännisch	10	50.000,- * 0,05%*2= 50,-	5,-
3	Qualifikation der abgestellten Mitarbeiter nicht ausreichend Verzögerung um 1 Monat	Ressourcen	0	1 Monat*5 MA*50,- =40.000,-	0,-
4	Gesetzeslage in Polen zu technischen Anlagen noch unklar – Nacharbeiten notwendig	Politisch	1	10.000,-	100,-
5	Firma Sunnie kommt finanzieller Verpflichtung nicht nach	Kaufmännisch	0,1	0,-	0,-
	Summe				**6.105,-**

Tabelle 16: Risikoanalyse

Risiko-Portfolio nach Maßnahmenplanung

Hier zeigen sich die erwarteten Effekte der Maßnahmen. Diese gilt es im weiteren Projektverlauf zu beobachten.

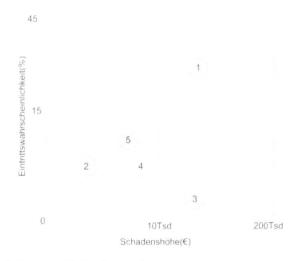

Abbildung 36: Risikoportfolio nach Maßnahmenplanung

5. ORGANISATION, INFORMATION UND DOKUMENTATION

| PM4: 4.5.5 Organisation, Information und Dokumentation

5.1   Organisationsformen

Eine Organisation lässt sich generell in drei Komponenten einteilen:[37]

Abbildung 37: Komponenten der Projektorganisation

Aufbauorganisation und Ablauforganisation betrachten die gleichen Objekte unter verschiedenen Aspekten und hängen voneinander ab.

5.1.1   Aufbauorganisation

Die Aufbauorganisation bildet den hierarchischen Aufbau einer Organisation (Projekt, Unternehmen) ab. Sie legt die Rahmenbedingungen, Aufgaben, Kompetenzen, Verantwortungen und Meldewege fest. D. h. welche Aufgaben werden von welchen Menschen und mit welchen Sachmitteln bewältigt: Sie beantwortet folgende Fragen:

- Welche Organisationseinheiten sind beteiligt?
- Über-, Unterordnungen?
- Welche Projektgremien gibt es?
- Wie ist der Berichtsweg?

---

[37] Vgl. [62], Seite 183 ff.

5.1.2 Ablauforganisation

Die Ablauforganisation definiert die Arbeitsprozesse unter Berücksichtigung von Personal, Raum, Zeit und Sachmitteln. Die Ablauforganisation legt somit innerhalb des Rahmens der Aufbauorganisation die ablaufenden Arbeits- und Informationsprozesse fest:

- Regelung der Aufgaben und Rechte von Personen
- Kompetenzen
- Schnittstellendefinition zwischen Teams intern und extern
- Eskalationswege

5.1.3 Soziologische Organisation

Die soziologische Organisation berücksichtigt die Formen, Strukturen und internen Prozesse von Organisationen sowie ihre Interaktionen mit der Umwelt.

Während sich die Aufbau- und Ablauf-Organisation primär mit der Zweckmäßigkeit und wirtschaftlichen Effizienz befassen, zielt die Organisationssoziologie auf die weichen Faktoren. D. h. die Betrachtung informeller Strukturen, Team-Mitglieder, Ziele und Funktionen sowie das individuelle Verhalten unter dem Gesichtspunk von sozialer Interaktion.

Grundsätzlicher Unterschied zwischen Projekt- und Linienorganisation

Projektorganisation	Linienorganisation
Temporär – wird aufgelöst, wenn das Projekt beendet ist.	Permanent – unterliegt normalerweise keinen oder nur relativ seltenen Änderungen.
Orientiert sich an dem zu erreichenden Ziel, dem Projektziel.	Orientiert sich an den zu erledigenden Aufgaben eines Unternehmens (z. B. Marketing, Personal, Konstruktion, Fertigung).
Ist in der Regel interdisziplinär besetzt.	Vereinigt in der Regel je Organisationseinheit Spezialisten einer Fachrichtung.

Tabelle 17: Gegenüberstellung der Organisationsformen

5.2 Struktur, Rollen und Verantwortlichkeiten

5.2.1 Verantwortung und Kongruenzprinzip

Eine Verantwortung beschreibt die Rechenschaft und Anerkennung bei Erfolg bzw. Misserfolg der Aufgabenerfüllung.

Der Organisationsgrundsatz „Kongruenzprinzip" besagt, dass Übereinstimmung (Kongruenz) zwischen Aufgabe, Kompetenz und Verantwortung verlangt wird. Nur wenn der Stelleninhaber die für die Aufgabendurchführung erforderlichen Durchführungskompetenzen und Leitungskompetenzen besitzt, kann er auch für die Ergebnisse seiner Tätigkeit zur Verantwortung gezogen werden. Aufgaben, Kompetenz und Verantwortung müssen zueinander passen. Zusammengefasst kann das Kongruenzprinzip mit dem Merksatz Können-Wollen-Dürfen-Müssen beschreiben.

5.2.2 AKV

AKV steht für Aufgaben, Kompetenz und Verantwortung in der Organisationslehre.[38] Ziel ist es, dass alle Mitglieder der Organisation wissen, was sie im Rahmen ihrer Rolle zu tun haben und wofür sie verantwortlich sind.

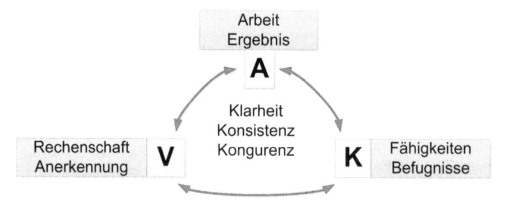

Abbildung 38: AKV-Modell

Entscheidend für den Erfolg in einer Rolle ist die Kongruenz von Verantwortung, Aufgaben und Kompetenz.

---

[38] Vgl. [37], Seite 121 f.

Aufgabe

Eine Aufgabe ist eine abgegrenzte Tätigkeit, die sich aus Projektstrukturierung und Rollenbeschreibungen ergibt.

Kompetenz

Unter dem Begriff Kompetenz wird einerseits verstanden, die Fähigkeit und Erfahrung / Wissen situationsgerecht anzuwenden. Folgende Kompetenzen können unterschieden werden:

- Fachkompetenz
- Methodenkompetenz
- Soziale Kompetenz
- Persönliche Kompetenz

Andererseits wird auch die Befugnis bzw. die Berechtigung zu rechtlich wirksamen Handlungen, im Namen und im Auftrag der Organisation bzw. des Projektes, als Kompetenz bezeichnet (z. B. disziplinarische Weisungsbefugnis, fachliche Weisungsbefugnis, Prokura, Vertretungsberechtigung, Vollmacht).

5.2.3 Rollen im Projekt

Auch die Rollenverteilung im Projekt ist eine wichtige Komponente, die Streitigkeiten vermeiden hilft. Wichtige Rollen im Projekt sind:[39]

- Auftraggeber
- Auftragnehmer
- Lenkungsausschuss
- Steeringkomitee / Steuerungsgremium
- Projektleiter
- Projektteam

---

[39] Vgl. [43], Seite 103 ff.

Auftraggeber (AG)

Der Auftraggeber, oft auch als Projektsponsor bezeichnet, ist die Person oder Organisation, welche die Durchführung des Projekts beauftragt. Der AG stellt das Budget zur Verfügung und verantwortet die Abnahme der Projektergebnisse.

Auftragnehmer (AN)

Der Auftragnehmer lässt sich nur in Verbindung mit dem Auftraggeber definieren. So ist bspw. bei einem externen Entwicklungsauftrag der externe Kunde der Auftraggeber des durchführenden Unternehmens. Aus Sicht des Projektleiters ist jedoch die Geschäftsführung der Auftraggeber und der Projektleiter der Auftragnehmer.

Lenkungsausschuss / Project Authority

Der Lenkungsausschuss ist eine zeitlich begrenzt eingesetzte Instanz, die als Entscheidungs- und Eskalationsgremium für ein Projekt fungiert.

Steeringkomitee / Steuerungsgremium

Ein Steeringkomitee / Steuerungsgremium ist in der Regel eine dauerhafte Einrichtung im Unternehmen. Dem Steeringkomitee obliegt die Steuerung der Projekte, Entscheidung bei Bedarf sowie die formelle Entlastung des Projektleiters.

Projektleiter (PL)

Der Projektleiter plant und steuert das Projektteam mit den ihm zugestandenen Kompetenzen.

Projektteam

Das Projektteam arbeitet am Projektgegenstand und wird aus Projektleiter und den Projektmitarbeitern gebildet.

5.3   Projektorganisation

Wie auch die Stammorganisation eine Struktur aufweist, muss sich das Projekt eben-falls organisieren. Hierzu werden dieselben Strukturierungselemente verwendet wie in der Stammorganisation. Die Organisationsform des Projektes kann jedoch von der Lini-enorganisation abweichen.

5.3.1   Definitionen

Stammorganisation
Langfristig eingerichtete, zeitlich nicht begrenzte Unternehmensstrukturen werden als Stammorganisation bezeichnet.

Projektorganisation
Eine Projektorganisation ist spezifisch, temporär und an die verschiedenen Phasen des Projektlebenszyklus angepasst.

Programmorganisation
Ein Programm fasst mehrere Projekte zusammen, die zum Erreichen eines übergeord-neten Ziels benötigt werden.

Portfolioorganisation
Ein Portfolio fasst mehrere Projekte und/oder Programme zusammen.

Organisationsformen

Generell werden drei Basisorganisationsformen unterschieden:

- Einfluss-Projektorganisation
- Reine Projektorganisation
- Matrixorganisation

5.3.2   Einfluss-Projektorganisation

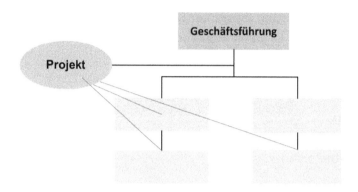

Abbildung 39: Einfluss-Projektorganisation

Vorteile	• Kostengünstig und schnell einzurichten • Wenig Widerstand in der Linie • Flexible Mitarbeiterauslastung
Nachteile	• Mangelnde Durchsetzungsfähigkeit des Projektleiters • Entscheidungen allein in den Linieninstanzen • Mehrfachbelastung der Mitarbeiter (Linie und Projekt) • PL wird als Bittsteller wahrgenommen
Aufgabe des Projekt- leiters (PL)	• Projektverlauf in sachlicher und terminlicher Hinsicht sowie unter Kostenaspekten koordinieren • Informationen sammeln und aufbereiten, Entscheidungen vorbereiten und Vorgehensvorschläge erarbeiten
Verantwortung des PL	• Keine
Kompetenz des PL	• Koordination der Projektaktivitäten • Beratung • Keine Weisungsbefugnis!

Tabelle 18: Einfluss-Projektorganisation – Vor- und Nachteile

5.3.3 Matrixorganisation

Die Matrix-Projektorganisation wird häufig in der Praxis angewendet, weil der organisatorische Eingriff und die geschaffenen Projektbeziehungen verhältnismäßig gering sind. Bei dieser Projektorganisationsform werden die Zuständigkeiten zwischen dem Linien-Vorgesetzten und dem Projektleiter aufgeteilt.

Während der Linien-Vorgesetzte seine disziplinarische Weisungsbefugnis behält, trägt der Projektleiter die volle Verantwortung für das Projekt und ist den Projektmitgliedern gegenüber in Bezug auf die Projektbelange weisungsberechtigt. Wie in der Einfluss-Projektorganisation sind die Projektmitglieder auch bei der Matrix-Projektorganisation flexibel und können entweder zusätzlich an anderen Projekten oder an ihren Linientätigkeiten arbeiten.

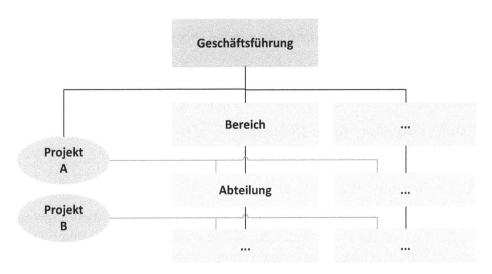

Abbildung 40: Matrix-Projektorganisation

Vorteile	• Organisatorischer Eingriff in die Stammorganisation gering • Mitarbeiter sind weiterhin in den Fachabteilungen verfügbar • Gezielter Einsatz von Fachkräften • Ressourcen stehen dem Projekt bei Bedarf zur Verfügung – gute Auslastung
Nachteile	• Konflikte mit der Linie • Hoher Kommunikationsbedarf • Die Bedeutung des Projektes wird nicht deutlich • Hohes Konfliktpotenzial bei mangelnder Abgrenzung der Befugnisse • Zielkonflikte durch mehrere Vorgesetzte
Aufgabe des Projektleiters (PL)	Fachliche Leitung des Projektes
Verantwortung	Fachliche Weisungsbefugnisse
Kompetenz des PL	Verantwortung für das Projektergebnis

Tabelle 19: Matrixorganisation – Vor- und Nachteile

5.3.4 Reine Projektorganisation

Die autonome oder auch reine Projektorganisation ist gekennzeichnet durch die große Machtfülle, mit welcher der Projektleiter ausgestattet ist. Die Projekt-Mitarbeiter werden auf Dauer dem Projekt unterstellt und sind von ihrer Linienaufgabe freigestellt.

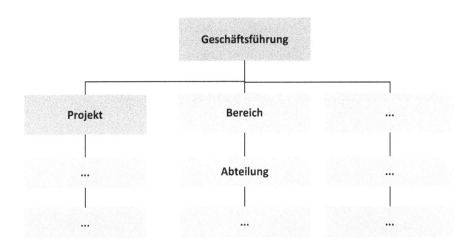

Abbildung 41: Autonome-Projektorganisation

Vorteile	• Koordinationsmöglichkeit erleichtert • Geringeres Konfliktpotenzial ggü. der Linie • Mitarbeiter aus dem Tagesgeschäft herausgelöst: Effizienzgewinn • Schnelle Entscheidungswege • Hohe Identifikation mit dem Projekt
Nachteile	• Erheblicher Eingriff in die Unternehmensstruktur • Auslastung der Mitarbeiter unregelmäßig • Eingliederungsproblem der Mitarbeiter nach Ende des Projektes • Gefahr des Eigenlebens
Aufgabe des Projektleiters (PL)	Inhaltliche und fachliche Leitung des Projekts
Verantwortung	Disziplinarische und fachliche Kompetenz
Kompetenz des PL	Gesamtverantwortung für das Projektergebnis, Termine und Kosten

Tabelle 20: Autonome Projektorganisation – Vor- und Nachteile

5.3.5   Projektbeispiel – Projektorganisation

Für das Projekt SunOrganizer wurde eine autonome Projektorganisation beschlossen und eingerichtet. Die folgenden Grafiken zeigen die Einbettung in das Unternehmen sowie die Projektorganisation. In den Lenkungsausschuss wurden die wichtigsten Stakeholder berufen.

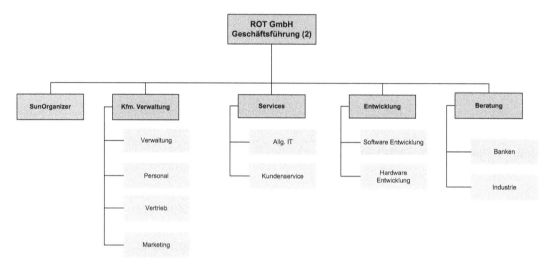

Abbildung 42: Stammorganisation – ROT GmbH

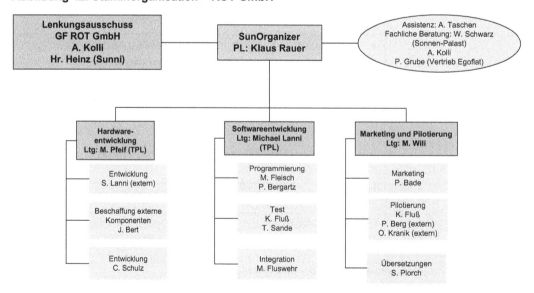

Abbildung 43: Projekt-Organisation SunOrganizer – autonome Projektorganisation

5.3.6   Auswahl der Organisationsform

Für die Auswahl der Projekt-Organisationsform können diese Kriterien und Fragestellungen herangezogen werden:

- sehr große Bedeutung für das Unternehmen
- geringer / hoher Projektumfang
- Risiko (hoch / niedrig)
- hoher Zeitdruck
- Komplexitätsgrad
- Betroffenheit der Mitarbeiter
- Projektleiter im Teil- oder Vollzeiteinsatz
- neue Technologie
- Projektdauer
- Mitarbeiter in Teilzeit oder Vollzeit
- externe Beteiligung

Fragestellungen: In welcher Projektorganisation ...	Stabs-PO	Mat-rix-PO	Reine-PO
... erfolgt der Know-how-Transfer ins Folgeprojekt am besten?	X		
... lässt diese sich am schnellsten etablieren?	X		
... gibt es mehrere Linienbeziehungen?		X	
... hat der Projektleiter die meisten Befugnisse?			X
... hat der Projektleiter die wenigsten Befugnisse?	X		
... ist die Auslastung der Mitarbeiter am effizientesten?	X		
... sind die größten Eingriffe in die Unternehmensstruktur erforderlich?			X
... teilen sich der Abteilungsleiter und der Projektleiter die Verantwortung?		X	
Welche Projektorganisation ist für Umstrukturierungen in einem Unternehmen geeignet?	X		

Tabelle 21: Projektauswahl – Fragestellungen

5.3.7 Lenkungsausschuss

Der Lenkungsausschuss ist ein übergeordnetes Entscheidungsgremium für ein Projekt oder eine Gruppe von Projekten. Vertreten sind der Auftraggeber, Projektleiter sowie weitere betroffene Stakeholder. Der Lenkungsausschuss u. a. wird eingesetzt, um den Projektleiter als Eskalationsebene zu unterstützen.

Aufgaben des Lenkungsausschusses:

- Ernennen und Austausch des Projektleiters
- Genehmigen der Projektplanung
- Unterstützen des Projektleiters
- Abstimmung der Projektziele mit den Unternehmenszielen
- Überwachen des Projektfortschritts
- Genehmigen von Abschlussberichten
- Entlasten des Projektleiters
- Entscheidung bei Projektabweichungen (Zeit, Budget, Inhalt)

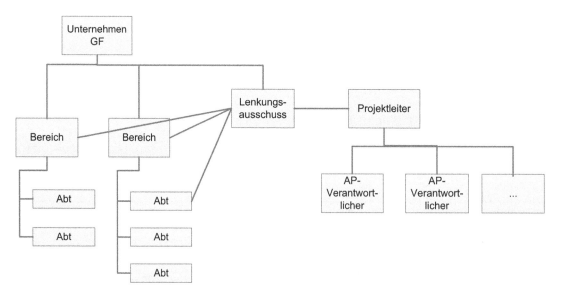

Abbildung 44: Der Lenkungsausschuss als Verbindung zwischen Linienorganisation und Projekt

5.4   Information und Dokumentation

Zur zielgerichteten Kommunikation im Projekt gehören u. a. eine regelmäßige Berichterstattung und die Verteilung von Informationen. Eine gut strukturierte Projektablage sowie Kommunikationsmatrix ist hier hilfreich.[40] Das Dokumentenmanagement liefert hier die notwendige Hilfestellung, indem die Dokumente gekennzeichnet, registriert, aufbereitet und – der vielleicht der wichtigste Aspekt – wiedergefunden werden.

Instrumente für die Projektkommunikation sind Newsletter, Schwarzes Brett, E-Mails, Internetauftritte, persönliche Gespräche, Infoveranstaltungen und vieles mehr.

Auf der Folgeseite sehen Sie ein Beispiel für eine Informations- oder Kommunikationsmatrix zur strukturierten Planung der Informationsverteilung. In der Kommunikationsmatrix wird erfasst:

- welche Informationen vorhanden sind
- wer diese Informationen erstellt bzw. aufbereitet
- Zyklus der Verteilung
- Empfänger
- Verantwortliche
- welches Medium verwendet wird

---

[40] Vgl. [30], Seite 32 ff.

5.4.1 Praxisbeispiel – Kommunikationsmatrix

SunOrganizer
Informationsmatrix

Legende:
e = erstellt
v = verantwortlich

Information	Update-Zyklus	Funktion — Mitarbeiter Tool	Projektteam intern — Mitarbeiter				externe Projekt-Gremien — Lenkungs-Ausschuss	Sonstige — GF	Ausrüster	Bank	Piloten
			MA	MAK	Mae	PL					
Projektinformationen											
Projektantrag/-auftrag	einmalig	MS-Word				e/v	i	e			
Anlagen zum Projektantrag	einmalig	MS-Word				e/v	i	i			
Projekt-Organigramm	bei Änderung	MS-Visio	i	i	i	e/v					
Projekthandbuch	einmalig	Word	i	i	i	e/v	i	i			
Newsletter	14-täglich	Acrobat	i	e	i	v/i	i	i	i		i
Projektplanung											
Strukturplan	einmalig	MS-Visio	i			e/v	i	i			
Arbeitspaket-Beschreibungen	einmalig	MS-Word	i	i	i	e/v					
Phasen und Meilensteinplanung	1xMonat	MS-Project	i	i	i	e/v	i				i
Projektstatusberichte											
Statusbericht	1xMonat	MS-Word	i	i	i	e/v	i	i			
Risikobericht	1xMonat	MS-Word	i	i	i	e/v	i	i			
Protokolle											
Teammeeting Protokolle	1xWoche	MS-Word	e/i	i	i	v					
Lenkungsausschuss Protokolle	1xMonat	MS-Word				e/v					
Reviewberichte	gem. Review-Plan	MS-Word					i	i			
Meetings											
Projekt-Statusmeeting	14-täglich		e	e	e	v	i	i			
Teammeeting	1xWoche		e	e	e	v					
Pilotentreffen	1xQuartal					v	i				i
Information Pilotierungsfortschritt	bei Bedarf					v	i				i
Stand-Up Meetings	täglich		i		i	v					

Tabelle 22: Informationsmatrix

6. PLANUNGSZYKLUS

Projektplanung ist keine einmalige Aktion, sondern die Pläne werden im Projektverlauf fortwährend aktualisiert. Dies ist unter anderem notwendig, da ein Projekt in der Regel sehr dynamisch agieren und sich permanent an neue Gegebenheiten anpassen muss. Schon Generalfeldmarschall Graf von Moltke formulierte:

„Kein Plan übersteht die erste Feindberührung".

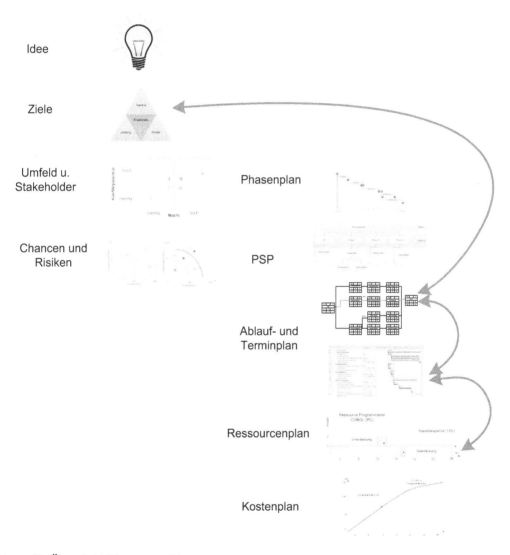

Abbildung 45: Übersicht Planungszyklus

6.1 Phasenplanung

| PM4: 4.5.4 Ablauf und Termine – Projektphasen

Je nach der Größe und Komplexität werden Projekte in Phasen eingeteilt. Im Phasenplan ist der Projektverlauf in zeitlicher Abfolge in Form von Phasen, Aktivitäten, Meilensteinen und Meilensteinergebnissen dargestellt. Die Projektphasen fassen Zeitabschnitte inhaltlich zusammen und beginnen und enden jeweils mit einem Meilenstein. Eine zeitliche und inhaltliche Überlappung von Projektphasen ist möglich.

6.1.1 Definition

Projektphase

Eine Phase, im Kontext der IPMA, wird definiert als:

Ein bestimmter Abschnitt des Projektverlaufs, der von anderen Projektperioden klar abgegrenzt ist.[41]

Meilensteine

DIN 69900:2009: „Ereignisse mit besonderer Bedeutung"

Meilensteine dienen zur Markierung bedeutender Eckpunkte im Projektverlauf und dienen zur Orientierung und Statusverfolgung.

6.1.2 Vorgehen

Auswahl eines Standardphasenmodells	Anpassen (tailoring)	Erstellen eines grafischen Phasenplanes	Phasenbeschreibung	Planung und Beschreibung der Meilensteine

Regel für Meilensteine:

Mindestens am Anfang des Projektes und an jedem Phasenende ein Meilenstein. Meilensteine müssen SMART formuliert sein.

---

[41] Vgl.: [31].

6.1.3 Projektbeispiel – Phasenplanung

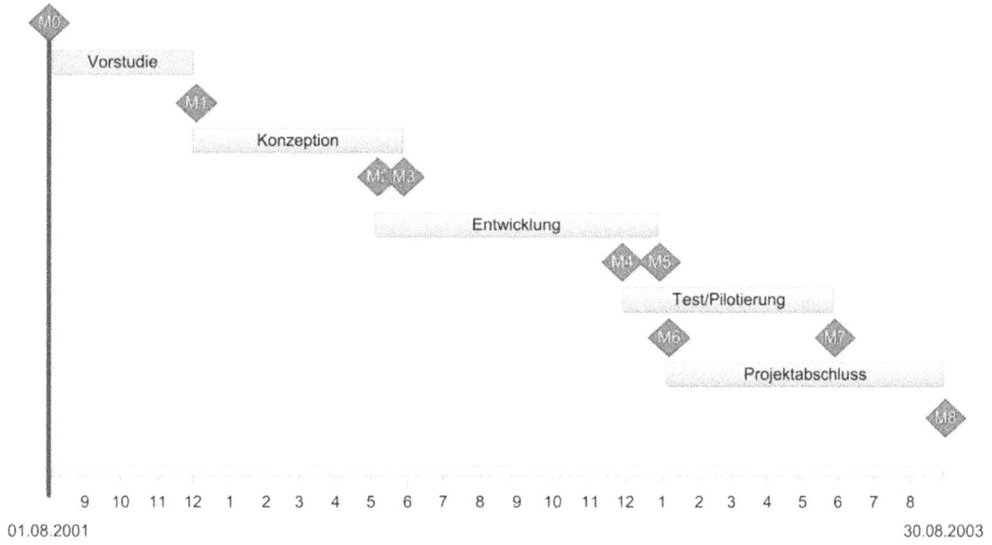

Abbildung 46: Grafischer Projektphasenplan – Balkenplan

Phasenbeschreibung

Konzeptionsphase

Das Pflichtenheft wurde in einer separaten Vorstudie erstellt. In der Konzeptionsphase werden die Spezifikationen, auf Basis des Pflichtenheftes, für Hard- und Software erstellt und verfeinert. Als Rahmen muss auf die Einhaltung des Projekthandbuches der ROT GmbH geachtet werden. Bei Interpretationsspielraum im Pflichtenheft muss eine sofortige Klärung der Details mit dem Auftraggeber vorgenommen werden.

Entwicklungsphase

Auf Basis der abgenommenen Spezifikationen wird die Umsetzung vorgenommen. Die Hardware wird assembliert und einem Lasttest unterzogen. Die Software wird programmiert und Entwicklertests durchgeführt. Parallel werden die technischen Zulassungen der Behörden in Deutschland und Polen eingeholt.

Der Prototyp wird erstellt und mit den Auftraggebern eingehend geprüft und ggf. Anpassungen vorgenommen.

91

Test- / Pilotierungsphase

Integrations- und Abnahmetests durch Entwickler und Auftraggeber. Nach der Kunden-Abnahme beginnt der Start der Pilotierung.

Die Software sowie die Hardware werden einzeln und im Zusammenspiel umfangreich getestet. Besonderes Augenmerk wird auf die Sicherheit der elektrischen Anlagen sowie auf die Fehlerbehandlung der Hard- und Software gelegt, um Schäden an Personen, z. B. durch eine zu lange Laufzeit einer Sonnenbank, möglichst auszuschließen.

Projektabschlussphase

In dieser Phase werden die Projektergebnisse an die Linie übergeben, Erfahrungen aus der Projektarbeit ausgewertet, der Abschlussbericht erstellt sowie die Projektorganisation aufgelöst.

Meilenstein	Ergebnis
M0 Start Vorstudie	Nicht im Projektumfang
M1 Start Umsetzungsprojekt	Pflichtenheft mit Projektauftrag liegt genehmigt vor.
M2 Entwicklungsbeginn	Technische Spezifikation vom Lenkungsausschuss abgenommen.
M3 Ende Konzeptionsphase	Alle Abnahmetestfälle sind definiert.
M4 Testbeginn	Basissystem 1 von Entwicklern freigegeben.
M5 Ende Entwicklungsphase	Systemintegrationstests ohne Fehler der Klasse 3 abgeschlossen.
M6 Beginn Projektabschluss-Phase	Entwicklungsende in LA-Statussitzung beschlossen.
M7 Ende Test / Pilotierung	Pilotierungsbericht liegt unterschrieben ohne Auflagen vor.
M8 Projektende	Alle definierten Lieferobjekte sind von Auftraggeber ohne Auflagen abgenommen.

Tabelle 23: Meilensteine

6.2   Projektstrukturplanung

| PM4: 4.5.3 Leistungsumfang und Lieferobjekte

Der Projektstrukturplan (PSP) zerlegt das Projekt in kontrollierbare Teile, die Arbeitspakete.

Der Projektstrukturplan stellt den vollständigen Projektinhalt, PM-Prozess und Projektgegenstand, als Tabelle und/oder grafisch in einer Baumstruktur dar und bildet somit das zentrale Instrument für die Kommunikation nach innen und außen. Der Projektstrukturplan bildet die Grundlage für die Aufwandschätzung sowie die folgenden weiterführenden Planungen wie Ablauf-, Termin- und Ressourcenplanung.

Der PSP sollte zusammen mit dem Projektteam erstellt und abgestimmt werden.

6.2.1   Definition

Die DIN 69901-5:2009 definiert des PSP als

„vollständige hierarchische Darstellung aller Elemente (Teilprojekte, Arbeitspakete) der Projektstruktur als Diagramm oder Liste".

6.2.2   Vorgehen

| Wahl der Gliederungsstruktur | Festlegung des Vorgehens | Erstellung | Codierung | Arbeitspaketbeschreibung |

1.   Gliederungsstruktur

Abhängig von der Projektart kann für den PSP zwischen verschiedenen Gliederungsprinzipien gewählt werden:

- ablauf- / phasenorientiert
  bspw. an der Phasenstruktur des Projekts
- objektorientiert
  nach Objekten (wie Auto: Motor, Fahrwerk, Inneneinrichtung)
- funktionsorientiert
  bspw. planen, erstellen, abnehmen
- gemischtorientiert
  verschiedene Ansätze werden gemeinsam verwendet

2.   Festlegen des Vorgehens zur Erstellung des PSP

Beim Entwurf des PSP wird zwischen den Entwurfsmethoden Bottom-Up und dem Top-Down-Ansatz unterschieden:

Bottom-Up

Die Basisarbeitspakete werden identifiziert und nach oben verdichtet.

Top-Down

Erstellung einer übergeordneten Struktur und Verfeinerung nach unten.

3.   Erstellung des PSP

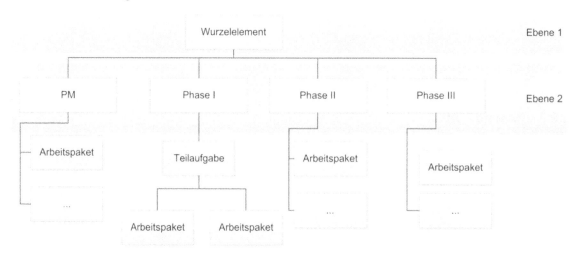

Abbildung 47: Elemente des PSP

Teilaufgaben

Teilaufgaben dienen als Strukturelement und verzweigen in mindestens zwei Folgekomponenten: Arbeitspakete (AP) oder weitere AP und Teilaufgaben.

4.   Codierung

Die Codierung des PSP ist generell freigestellt. Die Codierung des PSP dient vor allem zur eindeutigen Identifikation der Elemente. Dies ist sehr hilfreich zur Kommunikation sowie für das Berichtswesen. Mögliche Codierungsformen sind:

- Alphabetisch   A, Aa
- Numerisch   1; 1.1
- Alphanumerisch   A10; A10.1
- Klassifizierend   ZV01-AZV-2011

5.   Arbeitspakete

Ein Arbeitspaket beschreibt eine in sich geschlossene Aufgabenstellung innerhalb des Projekts. Ein Arbeitspaket wird von einer einzelnen Person verantwortet und von einer Person oder organisatorischen Einheit bis zu einem festgelegten Zeitpunkt mit definiertem Ergebnis und Aufwand fertiggestellt. Ein Arbeitspaket sollte etwa 1–5 % des Gesamtumfangens des Projekts ausmachen. Die Arbeitspakte werden unter der Verantwortung des Projektleiters, zusammen mit den Arbeitspaketverantwortlichen, definiert.

Arbeitspaketbeschreibung

Arbeitspaketbeschreibung	
Projekt:	Projekt-ID:
AP-Titel:	PSP-Code:
Verantwortlich:	
Ziele / Leistungsbeschreibung:	
Ergebnisse:	
Voraussetzungen:	
Beteiligte Personen / benötigte Ressourcen:	
Aufwand: Personentage €	
Schnittstellen:	
Art der Fortschrittsmessung:	
Anfang:	Ende:

Tabelle 24: Beispiel: Arbeitspaketformular[42]

---

[42] Quelle: Projektmanagementhandbuch ROT GmbH 2004.

6.2.3 Projektbeispiel – Projektstrukturplan

Für das Projekt SunOrganizer wurde ein phasenorientierter PSP gewählt. Die Projektmanagementtätigkeiten sind als separater Zweig dargestellt.

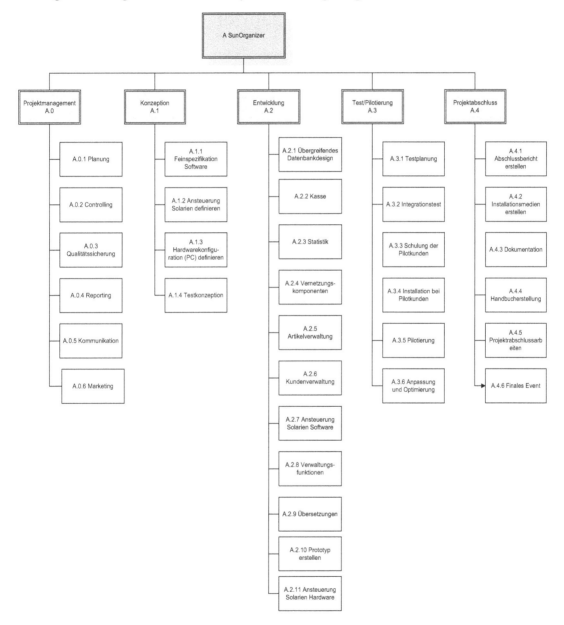

Abbildung 48: Projektstrukturplan Sun-Organizer

Arbeitspaketbeschreibung		
Projekt: SunOrganizer	SunOrganizer	Projekt-ID:AS
AP-Titel: Testplanung		PSP-Code: A.3.1
Verantwortlich: K. Fluß		
Ziele / Leistungsbeschreibung: Erstellen einer Testplanung mit Erfassung der Testfallbeschreibung im Testtool. QS durch TPL Test		
Ergebnisse: Abgestimmte Testplanung (TPL Test)		
Voraussetzungen: Fertigstellung Testkonzept		
Beteiligte Personen / benötigte Ressourcen: K.Fluß, M.Land		
Aufwand: 20 Personentage 8.400,-€		
Schnittstellen: Technik		
Art der Fortschrittsmessung: 0–100		
Anfang: 30.12.20xx		Ende: 24.01.20xx

Tabelle 25: Beispiel: Arbeitspaketformular[43]

---

[43] Quelle: Projektmanagementhandbuch ROT GmbH 2004.

6.3   Ablauf und Termine

| PM4: 4.5.5 Ablauf und Termine

Basierend auf dem Projektstrukturplan wird die weitere Planung vorgenommen. Hierzu werden die Arbeitspakete in Vorgänge heruntergebrochen.

6.3.1   Balkenplan / Netzplan

6.3.1.1   Definition

Netzplan

Der Netzplan ist gemäß DIN 69900:2009 eine „grafische oder tabellarische Darstellung einer Ablaufstruktur, die aus Vorgängen bzw. Ereignissen und Anordnungsbeziehungen besteht".

Vorgang

Der Vorgang ist ein Ablaufelement des Netzplanes, gekennzeichnet durch Dauer, Anfang und Ende.

Ereignis / Meilenstein

Ein Ereignis ist ein Vorgang mit der Dauer = 0. Als Meilensteine bezeichnet man „Ereignisse besonderer Bedeutung im Projektverlauf"[44].

Anordnungsbeziehung

Eine Anordnungsbeziehung ist eine „quantifizierbare Abhängigkeit zwischen Ereignissen oder Vorgängen"[45]. Das „quantifizierbar" bezieht sich hierbei auf anzugebende Zeitabstände zwischen den Vorgängen.

---

[44] Vgl. DIN 69900:2009.
[45] Vgl. DIN 69900-1.

6.3.1.2 Vorgehen

| Vorgangsliste | Anordnungs-
beziehungen | Ablaufplan | Terminplan | Optimierung |

1.   Vorgangsliste erstellen

Als Basis für die Vorgangsliste dienen der Projektstrukturplan sowie die Phasenplanung.

Jedes Arbeitspaket des PSP wird als ein Vorgang in die Vorgangsliste aufgenommen. Ggf. wird ein Arbeitspaket in weitere Vorgänge aufgeteilt.

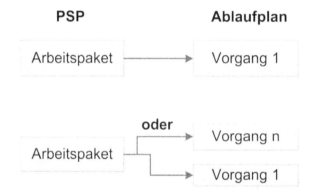

Abbildung 49: Arbeitspakete – Vorgänge

Die Vorgangsliste beinhaltet:

1. PSP-Code
2. Vorgangsname
3. Dauer
4. Vorgänger oder Nachfolger des Vorgangs
5. Anordnungsbeziehung

Regel für die Erstellung der Vorgangsliste: Sammelvorgänge haben keine Dauer, da diese den einzelnen Vorgängen zugewiesen wird. Bis auf den ersten Meilenstein haben alle Vorgänge, mit Ausnahme der Sammelvorgänge, einen Vorgänger bzw. Nachfolger. Meilensteine haben immer die Dauer 0 Tage.

PSP-Code	Vorgangsname	Dauer	Vorgänger	Anordnungsbeziehung
1	Sun Organizer	-		-
1.1	MS – Projektantrag genehmigt	0	-	-
1.2	Planung durchführen	26	1.1	NF

Tabelle 26: Vorgangsliste

2. Anordnungsbeziehungen (AOB)

Die Anordnungsbeziehung zeigt, wie sich zwei Vorgänge, Vorgänger und Nachfolger, zueinander verhalten. Folgende Anordnungsbeziehungen werden unterschieden:

DIN-Bezeichnung	MS-Project [46] Bezeichnung	Beschreibung
Normalfolge (NF)	Ende-Anfang (EA)	Vorgänger endet, Nachfolger beginnt. Standard, wenn keine Anordnungsbeziehung angegeben wird.
Anfangsfolge (AF)	Anfang-Anfang (AA)	Vorgänger beginnt, Nachfolger beginnt.
Endfolge (EF)	Ende-Ende (EE)	Vorgänger endet, Nachfolger endet.
Sprungfolge (SF)	Anfang-Ende (AE)	Vorgänger beginnt, Nachfolger endet. In der Praxis nicht relevant.

Tabelle 27: Anordnungsbeziehungen

---

[46] MS-Project ist ein Warenzeichen der Microsoft Corporation.

3. Ablaufplanung

Zur Ablaufplanung werden die Informationen aus der Vorgangsliste in einen Netzplan übertragen.

Netzpläne – Notation

Folgende Darstellung zeigt die Abbildung von Vorgängen in Vorgangsknotennetzplänen, dabei repräsentiert das Rechteck den Vorgang und der Pfeil die Anordnungsbeziehung:

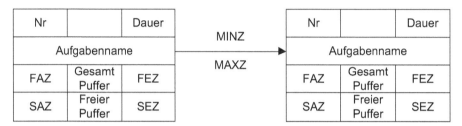

Abbildung 50: Netzkonten

Legende

MINZ   - Minimaler Zeitabstand zwischen zwei Vorgängen, z. B. AF−1

MAXZ   - Maximaler Zeitabstand zwischen zwei Vorgängen z. B. EF+2

SAZ   - Spätester Anfangszeitpunkt

FAZ   - Frühster Anfangszeitpunkt

SEZ   - Spätester Endzeitpunkt

FEZ   - Frühster Endzeitpunkt

Berechnung eines Netzplanes

<u>Vorwärtsrechnung („Progressive Rechnung")</u>

Berechnet werden bei der Vorwärtsrechnung die frühsten Anfangs- und Endzeitpunkte (FAZ und FEZ) eines Vorgangs. Begonnen wird beim ersten Vorgang (Startereignis) mit 0. Im Ablaufplan werden noch keine Termine verwendet.

FAZ + Dauer = FEZ

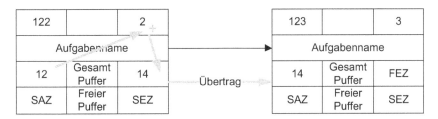

Abbildung 51: Vorwärtsrechnung 1

Ist eine Anordnungsbeziehung (AOB) mit Zeitabstand angegeben, wird diese berücksichtigt (hier NF):

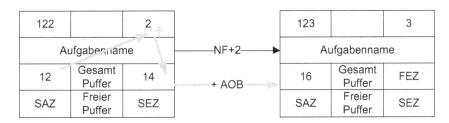

Abbildung 52: Vorwärtsrechnung 2

Hat ein Nachfolger mehrere Vorgänger, werden zunächst alle Vorgänger berechnet und dann der höchste Wert übertragen.

Rückwärtsrechnung („Retrograde Rechnung")

Berechnung der spätesten Anfangs- und Endzeitpunkte (SAZ und SEZ). Begonnen wird beim letzten Vorgang (Endereignis) mit dem spätesten Endzeitpunkt, der hier aus dem frühsten Endzeitpunkt übernommen wird.

SAZ = SEZ − Dauer

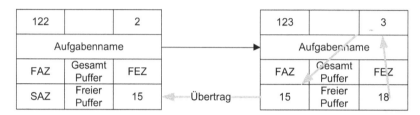

Abbildung 53: Rückwärtsrechnung 1

Ist eine Anordnungsbeziehung mit Zeitabstand angegeben, wird diese berücksichtigt:

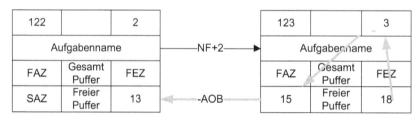

Abbildung 54: Rückwärtsrechnung 2

Hat ein Vorgänger mehrere Nachfolger, werden zunächst alle Nachfolger berechnet und dann der niedrigste Wert übertragen.

Berechnung der Puffer

Für den Praxiseinsatz sind lediglich der Gesamtpuffer (GP) und der Freie Puffer (FP) von Bedeutung.

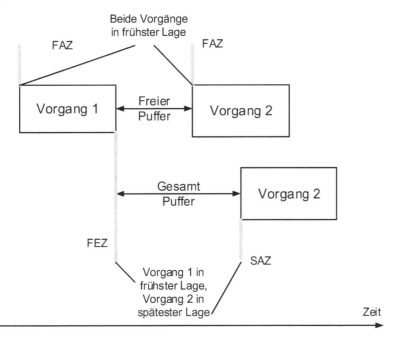

Abbildung 55: Freier- und Gesamt-Puffer – grafische Darstellung

Der Gesamtpuffer (GP) gibt die Zeitspanne an, um die ein Vorgang max. verschoben oder ausgedehnt werden kann, wenn sich alle Vorgänger in der frühesten Lage und alle Nachfolger in der spätesten Lage befinden. Der Gesamtpuffer zeigt demnach, wie weit ein Vorgänger verschoben werden kann, wenn der Nachfolger maximal nach hinten verschoben wird (SEZ).

Gesamtpuffer (GP)

GP = SAZ − FAZ oder GP = SEZ − FEZ (nur für Normalfolgen)

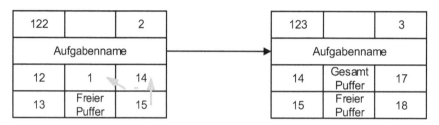

Abbildung 56: Berechnung Gesamtpuffer 1

Freier Puffer

Der freie Puffer zeigt die Zeitspanne, um die der Vorgänger verschoben werden kann, ohne den Nachfolger zu tangieren.

FP = FAZ des Nachfolgers − FEZ des Vorgangs selbst

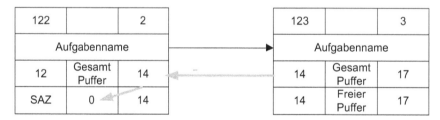

Abbildung 57: Berechnung Freier Puffer 1

Kritischer Pfad

Auf dem kritischen Pfad (oder auch kritischer Weg genannt) liegen alle Vorgänge, bei denen der Gesamtpuffer = 0 ist. Diese Vorgänge haben bei jeder Veränderung (zeitli- chen) Einfluss auf den geplanten Endtermin. Zur Kennzeichnung des kritischen Pfades in einem Gantt-Diagramm werden die Pfeile als rote Linie eingezeichnet und/oder die Vorgänge auf dem kritischen Pfad werden mit einem waagerechten Strich über dem Vor- gangsknoten (Netzplan) markiert.

4. Terminplan erstellen (Kalendrierung)

Wird der Netzplan mit einer Zeitplanung, d. h. mit einem Kalender verbunden, spricht man von „Kalendrierung". Damit bekommt der Plan erstmals einen zeitlichen Bezug.

Da ein Vorgangsknotendiagramm sehr unübersichtlich werden kann, werden die Vorgänge meist als Gantt-Chart dargestellt. Hier wird dann von einem „vernetzten Balkenplan" gesprochen, im Gegensatz zum Phasenplan, der als „Balkenplan" bezeichnet wird.

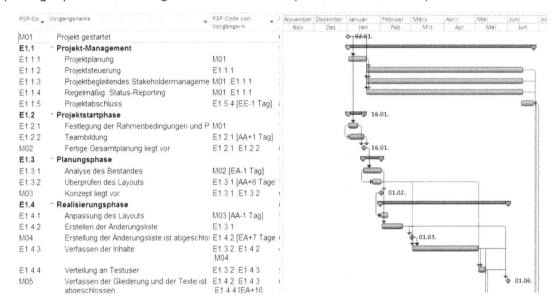

Abbildung 58: Vernetzter Balkenplan

5. Optimieren des Ablaufplans

Zielsetzung der Optimierung ist es, den Projektablauf aus zeitlicher Sicht optimal zu planen, ohne dabei Kosten und Leistung zu beeinträchtigen. Auf der nächsten Seite findet sich ein einfaches Beispiel.

Der folgende Beispielnetzplan soll von 30 auf 25 Tage verkürzt werden:

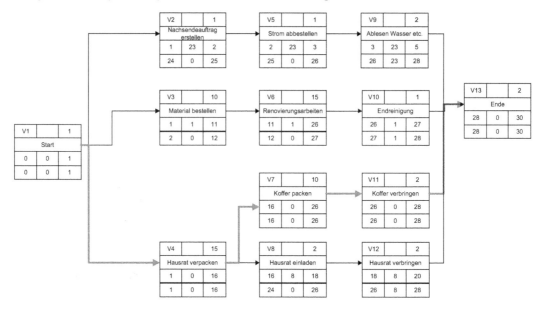

Mögliche Lösung

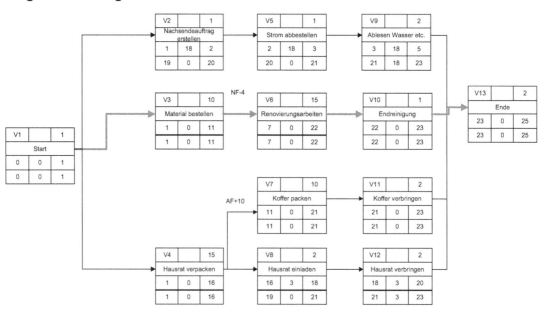

Beispiel-Berechnung SAZ / SEZ (V4)

SAZ(V4) = SAZ (V7) − MINZ = 11-10 = 1
SAZ(V4) = SAZ (V8) − MINZ = 19-0 = 19
SAZ(V4) = Min (1, 19) = 1
SEZ(V4) = SAZ (V4) + D(V4) = 1 + 15 = 16

6.3.2 Projektbeispiel – Ablauf- und Terminplanung

PSP	Vorgang	Dauer	Anfang	Ende	Vor-gänger
	Vorstudie	90	30.07.01	30.11.01	
	M0: Vorstudie beendet	0	30.11.01	30.11.01	
A.0	**Projektmanagement**		**03.12.01**	**30.08.03**	--
A.0.0	M1: Projektauftrag erteilt	0	03.12.01	03.12.01	--
A.0.1	Planung	456	05.12.01	30.08.03	A.0.0
A.0.3	Controlling	456	05.12.01	30.08.03	A.0.0
A.0.3	Qualitätssicherung	456	05.12.01	30.08.03	A.0.0
A.0.4	Reporting	456	05.12.01	30.08.03	A.0.0
A.0.5	Kommunikation	456	05.12.01	30.08.03	A.0.0
A.0.6	Marketing	456	05.12.01	30.08.03	A.0.0
A.1	**Phase 1 – Konzeption**		**03.12.01**	**01.06.02**	
A.1.1	Projektstartworkshop	2	03.12.01	04.12.01	A.0.0
A.1.2	Feinspezifikation Software	60	07.01.02	01.04.02	A.1.4NF −10 Tage
A.1.3	Ansteuerung Solarien definieren	18,75	05.12.01	31.12.01	A.1.1
A.1.4	Hardwarekonfiguration (PC) definieren	15	31.12.01	21.01.02	A.1.3
A.1.5	Testkonzeption	22,5	01.04.02	02.05.02	A.1.2
A.1.6	M2: Fachkonzept abgenommen	0	01.06.02	01.06.02	A.1.2NF +14 Tage
A.2	**Phase 2 – Implementierung**		**13.05.02**	**20.01.03**	
A.2.10	Prototyp erstellen	30	19.08.02	04.10.02	A.1.5
A.2.12	M3.1: Prototyp fertig	0	15.10.02	15.10.02	A1.5

PSP	Vorgang	Dauer	Anfang	Ende	Vor-gänger
A.2.1	Übergreifendes Datenbank-design	45	13.05.02	11.07.02	A.1.2
A.2.2	Kasse	30	12.07.02	22.08.02	A.2.1
A.2.3	Statistik	15	12.07.02	01.08.02	A.2.1
A.2.4	Vernetzungskomponenten	19	12.07.02	07.08.02	A.2.1
A.2.5	Artikelverwaltung	30	23.08.02	03.10.02	A.2.2
A.2.6	Kundenverwaltung	25	04.10.02	07.11.02	A.2.5
A.2.7	Ansteuerung Solarien – Software	30	19.09.02	06.11.02	A.211
A.2.8	Verwaltungsfunktionen	40	18.11.02	10.01.03	A.2.6
A.2.9	Übersetzungen	15	04.10.02	24.10.02	A.2.5
A.2.11	Ansteuerung Solarien – Hardware	30	08.08.02	18.09.02	A.2.4
A.2.13	M3.2 Entwicklung Ende	0	20.01.03	20.01.03	A.2.10
A.3	**Phase 3 – Test/Pilotierung**		**30.12.02**	**09.05.03**	
A.3.1	Testplanung	20	30.12.02	24.01.03	A.2.13N F−20 Tage
A.3.2	Integrationstest	30	27.01.03	06.03.03	A.3.1
A.3.3	Schulung der Pilotkunden	20,54	27.01.03	24.02.03	A.3.1
A.3.4	Installation bei den Pilotkun-den	10	17.02.03	28.02.03	A.3.3
A.3.7	M4: Pilotierungsbeginn	0	01.03.03	01.03.03	A.3.4
A.3.5	Pilotierung	46	01.03.03	02.05.03	A.3.7
A.3.6	Anpassung und Optimie-rung	20	14.04.03	09.05.03	A.3.15E A+5 Tage
A.3.8	M5: Anwendung produkti-onsreif	0	09.05.03	09.05.03	A.3.6
A.4	**Phase 4 – Projektab-schluss**		**12.05.03**	**30.08.03**	
A.4.1	Abschlussbericht erstellen	35,75	11.07.03	29.08.03	A.3.7EA −12 Tage
A.4.2	…	…	…	…	….

Tabelle 28: Vorgangsliste SunOrganizer – Auszug

A.1	– Phase 1 - Konzeption		
A.1.0	Projektstartworkshop		
A.1.1	Feinspezifikation Software	16EA-10 Tag	
A.1.2	Ansteuerung Solarien definieren	13	
A.1.3	Hardwarekonfiguration (PC) definiere	15	
A.1.4	Testkonzeption	14	
A.1.5	M2: Fachkonzept abgenommen	14EA–14 Tag	
A.2	– Phase 2 - Implementierung		
A.2.10	Prototyp erstellen	17	
A.2.12	M3.1: Prototyp erstellt	21	
A.2.1	Übergreifendes Datenbankdesign	14	
A.2.2	Kasse	23	
A.2.3	Statistik	23	
A.2.4	Vernetzungskomponenten	23	
A.2.5	Artikelverwaltung	24	
A.2.6	Kundenverwaltung	27	
A.2.7	Ansteuerung Solarien - Software	32	
A.2.8	Verwaltungsfunktionen	28	
A.2.9	Übersetzungen	27	
A.2.11	Ansteuerung Solarien - Hardware	26	
A.2.13	M3.2: Entwicklung Ende	21	

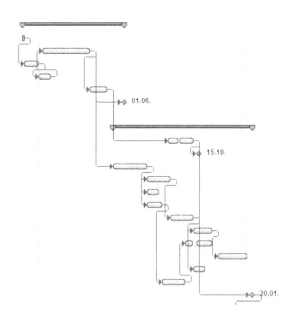

Abbildung 59: Vernetzter Balkenplan – Auszug

6.4   Aufwandschätzung

Für Aufwandschätzungen werden drei Methodenkategorien unterschieden:[47]

I.   Expertenbefragung
Durchführung der Schätzung durch Einbindung von Fachleuten.

- Delphi-Methode
- Drei-Punkt-Schätzung

II.   Analogieschätzungen
Als Grundlage werden bekannte Kenngrößen aus ähnlichen und bereits abgeschlossenen Projekten herangezogen (erfahrungsbasierte Schätzung). Diese Kenngrößen können sich auf den Arbeitsaufwand, den Zeitumfang oder die Kosten eines abgelaufenen Projektes beziehen:

- Multiplikationsmethode
- Prozentsatzmethode

III.   Parametrische Schätzungen
Die Parametrische Schätzung ist eine Schätzmethode, die eine statistische Beziehung zwischen historischen Daten und anderen Variablen zur Berechnung eines Schätzwertes (bspw. Kosten, Zeit) verwendet:

- Object Point
- Funktion Point

---

[47] Vgl. [40], Seite 27 ff.

6.4.1 Delphi-Methode

Die Delphi-Methode ist eine Methode der Kategorie Expertenbefragung. Die Expertenschätzung steht und fällt mit der Erfahrung der beteiligten Experten! Die Experten schätzen aufgrund ihrer persönlichen Erfahrungen und durch Vergleich mit bisher abgewickelten Projekten die zu erwartenden Aufwendungen.

Expertenschätzung ist ein einfaches und kostengünstiges Schätzverfahren, das dann gut funktioniert, wenn die Schätzenden ausreichend Erfahrung haben. Andernfalls können die Prognosen sehr ungenau sein.

Ablauf der Schätzung

1. Erläuterung der Aufgabenstellung
2. Diskussion
3. Getrenntes Schätzen der Experten
4. Zusammenfassung der Ergebnisse
5. Diskussion der Ergebnisse
6. Nochmaliges Schätzen der Experten
7. Wiederholung der Punkte 4.–6., bis ein Ergebnis vorliegt

Die Delphi-Methode erfordert einen Moderator, der die Aufgabenstellung erläutert und die Schätzsitzung leitet. Die Delphi-Methode liefert zuverlässigere Schätzungen als die einfache Expertenbeurteilung, weil sie Ausreißer eliminiert. Als Nachteil muss ein erheblich höherer Aufwand für die Schätzung in Kauf genommen werden.

6.4.2 Drei-Punkt-Schätzung[48]

Die Drei-Punkt-Schätzung dient, wie die Delphi-Methode, der Befragung von Experten zur Einschätzung des Aufwandes. Sie setzt nach der Erstellung des Projektstrukturplanes an.

Hierzu werden drei Kategorien gebildet, für welche die Experten ihre Schätzungen für die Arbeitspakete abgeben.

➢ Optimistisch
➢ Realistisch
➢ Pessimistisch

Zur Auswertung der Schätzung wird nach der Formel:

$$\frac{\text{optimistischster Wert + wahrscheinlichster Wert + pessimistischster Wert}}{3} = \text{Erwarteter Wert}$$

ein zu erwartender Wert für jedes Arbeitspaket errechnet.

Im Anschluss daran wird die Varianz der einzelnen Arbeitspakete:

Varianz Aktivität (VarAkt) = ((pessimistischster Wert − optimistischster Wert) /5)²

und die Varianz des Projektes errechnet:

VarianzProjekt = Summe VarAkt

Die Wurzel aus dem Wert VarianzProjekt ergibt die Standardabweichung.

Die Drei-Punkt-Methode eignet sich gut bei Schätzungen unter Unsicherheit und führt zu tragbaren Ergebnissen.

---

[48] Vgl. [22].

6.4.3 Multiplikationsmethode

Herstellen eines Zusammenhangs zwischen Produktgröße (bspw. Anzahl Objekte) und Aufwand:

$$Personentage = Produktgröße \times Faktor$$

Eine einfache Schätzmethode für überschaubare Vorhaben geringer Komplexität.

6.4.4 Prozentsatzmethode

Diese Analogiemethode benötigt eine Erfahrungsbasis. Daher sind diese Methoden nicht weit verbreitet, weil nur wenige Unternehmen ihre Schätz-Erfahrungen quantifiziert aufbereiten, um sie bei Folgeprojekten weiter zu nutzen.

Beispiel: Aufteilung von Aufwand zu Tätigkeiten oder Projektphasen

Phase	Aufwand %	Personentage
Vorstudie	5	10
Realisierung	80	160
Einführung	15	30
Gesamt		200

6.4.5 Planning Poker

Mit Planning Poker wird eine Aufwandschätzmethode bezeichnet, die in SCRUM verwendet wird. Dabei werden Karten eingesetzt, die mit Zahlenwerten bedruckt sind. Die Zahlen können für Komplexität oder Zeitwerte stehen.

Der Ablauf ähnelt der Schätzklausur:

1. Die zu schätzende Aufgabe wird durch einen Moderator vorgestellt.
2. Jeder Teilnehmer legt eine Karte verdeckt auf den Tisch.
3. Alle Teilnehmer drehen ihre Karten gemeinsam um.
4. Die Teilnehmer mit den höchsten und niedrigsten Werten begründen ihre Schätzung, ggf. mit Diskussion.
5. Eine erneute Schätzrunde wird durchgeführt.
6. Der Zyklus 2.–4. kann beliebig oft wiederholt werden. Stellt sich jedoch heraus, dass eine Einigung derzeit nicht wahrscheinlich ist, wird mit dem nächsten Schätzobjekt fortgefahren.

Am Ende des Planning Poker liegen für alle Aufgaben Schätzungen vor.

6.4.6 Object Points

Der Umfang einer Software wird hierbei aus der Objektsicht betrachtet. Ausgehend von Modellen aus der objektorientierten Programmierung erfolgt die Bewertung der Softwaregröße auf Basis von den zu implementierenden Klassen, Nachrichten und Prozessen. Die Anzahl der Object Points drückt demnach deren Anzahl und jeweilige Komplexität aus.

Ähnlich wie Function-Point-Schätzung basiert die Object-Point-Schätzung auf Objekten wie Bildschirmen, Reports, Modulen. Die Object-Point-Methode ist weniger komplex als die Function-Point-Methode, jedoch mit einer vergleichbaren Präzision.

6.4.7 Function-Point-Methode[49]

Die Function-Point-Methode ist der Gruppe der parametrischen Schätzmethoden zuzuordnen.

Grundlage dieser Methoden ist die Bestimmung von in die Bewertung einfließenden Faktoren. Diese können wie die Qualifikation des Personals subjektiver Art sein oder objektiv wie z. B. die verwendete Programmiersprache.

Diese Einflussfaktoren werden mathematisch verknüpft, so dass der Gesamtaufwand aus ihnen berechnet werden kann. Die Bestimmung dieser Einflussfaktoren setzt bereits eine aufwendige Analyse voraus. Auf der Folgeseite ist ein Beispiel eines Function-Point-Schätzbogens wiedergegeben.

---

[49] Vgl. [7].

Kategorie	An-zahl	Klassifizierung	Gewichtung	Summe
Eingabedaten	2	einfach	3	6
	0	mittel	4	0
	1	komplex	6	6
Abfragen	1	einfach	3	3
	0	mittel	4	0
	0	komplex	6	0
Ausgaben	0	einfach	4	0
	0	mittel	5	0
	1	komplex	7	7
Datenbestände	3	einfach	7	21
	0	mittel	10	0
	0	komplex	15	0
Referenzdaten	0	einfach	5	0
	0	mittel	7	0
	0	komplex	10	0
Summe (E1)				43
Einflussfaktoren (ändern den Function-Point-Wert um +/− 30%)	1 Verflechtung mit anderen Anwendungssystemen (0–5)			0
	2 Dezentrale Daten, dezentrale Verarbeitung (0–5)			0
	3 Transaktionsrate (0–5)			3
	4 Verarbeitungslogik			
	a Rechenoperationen (0–10)			1
	b Kontrollverfahren (0–5)			0
	c Ausnahmeregelungen (0–10)			0
	d Logik (0–5)			0
	5 Wiederverwendbarkeit (0–5)			0
	6 Datenbestandskonvertierungen (0–5)			0
	7 Anpassbarkeit (0–5)			2
Summe E2 der 7 Einflüsse				6
Einflussbewertung E3 = E2 /100 + 0,7				0,76
Bewertete Function-Points gerundet (E1 * E3)				33

Tabelle 29: Funktion-Point-Methode

117

6.5 Ressourcen

| PM4: 4.5.8 Ressourcen

Die Aufgaben der projektbezogenen Ressourcenplanung sind:[50]

- Sicherstellung der Ressourcenverfügbarkeit
- optimaler Einsatz der Ressourcen
- Vermeidung von Ressourcenüberlastung
- Vermeidung von mangelnder Ressourcenauslastung

Die Grundlage einer guten Ressourcenplanung ist eine profunde Aufwandschätzung.

6.5.1 Definition

Ressource:
Bezeichnet in der Volkswirtschaftslehre die Produktionsfaktoren (Arbeit, Kapital, Rohstoffe, Maschinen).

Produktionsfaktoren:
Mittel, die in die Produktion von Gütern und Dienstleistungen eingehen.[51]

Die „3-M" in der Ressourcenplanung sind

- Mensch
- Maschine
- Material

Zusätzlich:

- Sachmittel
- Finanzmittel

6.5.2 Vorgehen

| Bedarf ermitteln (Skillmatrix) | Kapazität ermitteln | Abgleich | Optimierung |

---

[50] Vgl. [63], Seite 29 ff.
[51] Quelle: [92].

1. Bedarf ermitteln

Auf Grundlage der Ablaufplanung und der Schätzungen der Arbeitspakete wird eine Ressourcenliste zusammengestellt. Hilfreich ist hier eine zusätzliche Skillmatrix mit den erforderlichen Qualifikationen.

Ressource	Kürzel	Bedarf	Bedarf (PT)
Projektleiter	PL	1	220
Stv. Projektleiter	STV	1	180
Tester	TE	4	350
...			

Tabelle 30: Beispiel Ressourcenbedarf

Diese Tabelle gibt einen groben Überblick über den Ressourcenbedarf. Dieser muss auf Basis der Ablauf- und Terminplanung verfeinert werden.

PSP	Vorgang	Dauer	Arbeit	Ressource / Menge
A.2	**Phase 2 – Implementierung**			
A.2.10	Prototyp erstellen	30	10 40 12	TE 2 PJ 2 PC 1
A.2.12	M3.1: Prototyp fertig	0		
A.2.1	Übergreifendes Datenbankdesign	45	10	PJ 2
...				

Tabelle 31: Beispiel Ressourcenfeinplanung

2. Kapazität ermitteln

Für die weitere Planung ist die Verfügbarkeit (Kapazität) der Ressourcen von entscheidender Bedeutung. Bei der Personalplanung wird vielfach von zu großen verfügbaren Kapazitäten ausgegangen, teilweise von mehr als 100 % eines Mitarbeiters. Realistischer sind eher 75–80 % (Urlaub, krankheitsbedingter Ausfall, Fortbildung, Linienaufgaben, Rüstzeiten).

Daraus ergibt sich ein individueller Ressourcenkalender, der bei modernen Projektplanungstools für jede Ressource separat hinterlegt werden kann.

3. Abgleich durchführen

Die „ressourcenreinen" Planungen werden anhand der Terminplanung geprüft, um Kapazitätsüberschreitungen zu erkennen. Die Anzahl der verfügbaren Ressourcen je Ressourcenart wird Kapazitätsgrenze genannt.

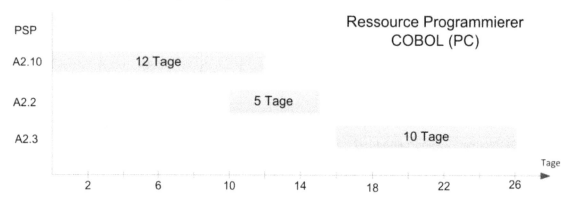

Abbildung 60: Planung Cobol-Programmierer

Aus der konkreten Planung ergibt sich folgendes Bild der Auslastung:

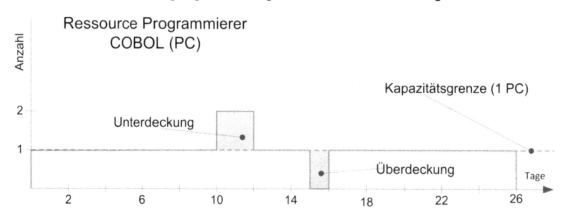

Abbildung 61: Kapazitätsdiagramm

Bei einer maximalen Kapazität von einem Cobol-Programmierer ergibt sich eine Unterdeckung von zwei Personentagen zwischen dem 10. und 12. Tag.

120

4. Optimierung durchführen

Die Unterdeckung kann durch Optimierungsmaßnahmen gelöst werden. Diese können sein[52]:

- Verschiebung von Aktivitäten
- Rekrutierung von zusätzlichen Ressourcen
- Verschiebung des Endtermins
- Einsatz externer Ressourcen

In diesem Fall wurde eine Verschiebung der Vorgänge A2.2 um zwei Tage und A2.3 um einen Tag nach hinten vorgenommen, um den Ressourcenengpass zu beheben.

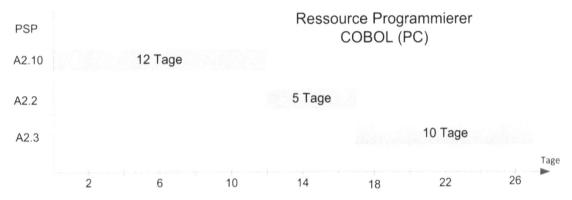

Abbildung 62: Überarbeitete Planung Cobol-Programmierer

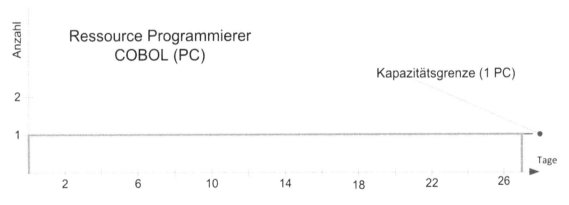

Abbildung 63: Kapazitätsdiagramm – Neu

---

[52] Vgl. [17], Seite 86.

6.5.3   Projektbeispiel – Ressourcenplanung

Gruppe	Beteiligte Personen	Durchschnittlicher Einsatz
Projektleiter (PL)	Rauer	12/01–03/02 100 % 04/02–06/02 40 % 07/02–03/02 100 % 04/02–08/03 40 %
Teilprojektleiter (TPL)	Lanni, Pfeif[53]	60 %
Geschäftsführung (GF)	Peyfrau	s. o. 5 %
Ausrüster	Heize, Grube	bei Bedarf
Mitarbeiter (MA)	Pfeiffer, Berthold, Schulze, Bongartz Fluß, Sande, Fleisch	60 % 50 %
Piloten (Pi)	Kolllassi (Sunrise), Schwarz (Sonnen-Palast) Berg Kranik	bei Bedarf bei Bedarf 43 Tage 100 % 43 Tage 100 %
Bank (Ba)	Hr. Schmidt	bei Bedarf
Lenkungsausschuss (LA)	GF, Kolllassi	bei Bedarf
Marketing (MAK)	Wiltzycky (verantwortlich) Bade Ploch	100 %
Mitarbeitet extern (MAe)	Lanni, Berg, Kranik	100 % s. o.

Tabelle 32: Ressourcenkapazität

---

[53] Alle Namen sind fiktiv.

3-Punkt-Aufwandschätzung

O – optimistisch
W – wahrscheinlich
P – pessimistisch
EW – Erwartungswert
V – Varianz

		O	W	P	EW	V
Planung	A.0.1	50	80	90	73	64
Controlling	A.0.3	30	50	60	47	36
Qualitätssicherung	A.0.3	40	50	60	50	16
Reporting	A.0.4	60	70	80	70	16
Kommunikation	A.0.5	55	90	95	80	64
Marketing	A.0.6	55	90	95	80	64
Phase 1 – Konzeption	A.1					
Projektstartworkshop	A.1.1	30	30	30	30	0
Feinspezifikation Software	A.1.2	173	175	200	183	29
Ansteuerung Solarien definieren	A.1.2	5	20	20	15	9
Hardwarekonfiguration (PC) definieren	A.1.4	10	15	20	15	4
Testkonzeption	A.1.5	25	50	60	45	49
Phase 2 – Implementierung	A.2					
Prototyp erstellen	A.2.10	10	12	22	15	6
Übergreifendes Datenbankdesign	A.2.1	5	12	12	10	2
Kasse	A.2.2	20	26	45	30	25
Statistik	A.2.3	12	12	20	15	3
Vernetzungskomponenten	A.2.4	10	20	30	20	16
Artikelverwaltung	A.2.5	22	27	40	30	13
Kundenverwaltung	A.2.6	20	26	30	25	4
Ansteuerung Solarien – Software	A.2.7	29	30	32	30	0
Verwaltungsfunktionen	A.2.8	30	39	50	40	16
Übersetzungen	A.2.9	11	16	19	15	3
Ansteuerung Solarien – Hardware	A.2.11	12	35	44	30	41
Phase 3 – Test / Pilotierung	A.3					
Testplanung	A.3.1	25	30	35	30	4

		O	W	P	EW	V
Integrationstest	A.3.2	73	78	90	80	12
Schulung der Pilotkunden	A.3.3	25	30	35	30	4
Pilotierung	A.3.5	110	135	140	128	36
Anpassung und Optimierung	A.3.6	10	15	15	13	1
Phase 4 – Projektabschluss	A.4					
Abschlussbericht erstellen	A.4.1	30	35	42	36	6
Installationsmedien erstellen	A.4.2	15	15	15	15	0
Dokumentation	A.4.3	10	12	22	15	6
Handbucherstellung	A.4.4	20	20	20	20	0
Abschlussarbeiten	A.4.5	20	20	20	20	0
Abschlusspräsentation		2	2	2	2	0
Finales Event	A.4.6	8	8	8	8	0
Werte Gesamt-Projekt		**1062**	**1377**	**1596**	**1345**	**547**

Standardabweichung   23

Tabelle 33: Ressourcenplanung

PSP-Code	Vorgang	Ressource	Arbeit (PT)
A.0	**Projektmanagement**	PL, Stv PL	240
A.1.1	Projektstartworkshop	Team	30
A.1.2	Feinspezifikation Software	Tester PC/PJ	73 110
A.1.2	Ansteuerung Solarien definieren	PC	15
A.1.4	Hardwarekonfiguration (PC) definieren	PJ PC	10 15
A.1.5	Testkonzeption		
...	...	...	...
Gesamtsumme			1345

Tabelle 34: Einsatzmittelbedarf / Personalaufwand

6.6   Kostenplanung

| PM4: 4.5.7 Kosten und Finanzierung

Bei der Kostenplanung handelt es sich um die Darstellung der für die Durchführung des Projektes anfallenden voraussichtlichen Kosten der einzelnen Vorgänge oder Arbeitspakete im Zeitverlauf. Als Basis dienen der Ablauf- und Terminplan sowie die Ressourcenplanung.

6.6.1   Definition

Kosten

... sind die Werte des Einsatzes von Gütern zur Erstellung von Leistungen.[54]

Kostenstellen[55]

... ist der Ort, an dem die Kosten entstehen (z. B. das Projekt xy).

Kostenträger

... sind die Produkte oder Leistungen, die letztendlich die Kosten tragen (z. B. das Produkt xy).[56]

6.6.2   Vorgehen

| Kostenarten u. Verrechnungssätze ermitteln | Periodengerechte Zuordnung der Kosten | Abgleich | Optimierung |

---

[54] Vgl. [37], Seite 257.
[55] Vgl. [10], Seite 197.
[56] Vgl. [10], Seite 203.

1.   Kostenarten festlegen u. Verrechnungssätze ermitteln

Im Projekt können verschiedene Kostenarten anfallen:

Kostenart	Beispiel
Personalkosten	Verrechnungssätze für Löhne Fortbildung Prämien
Sachkosten	Mieten Hardware Lizenzen Externe Mitarbeiter
Materialkosten	Büromaterial Betriebsstoffe
Kapitalkosten	Zinsen Abschreibungen Versicherungen
Kalkulatorische Kosten	Risikozuschläge

Tabelle 35: Kostenarten

Zu jeder Kostenart sind die Kostensätze je Ausprägung für die weitere Berechnung der Kosten zu ermitteln:

Kostenart	Verrechnungssatz €	Bezugseinheit
Personalkosten		
Projektleiter (PL)	1000,-	Tag (8 Std.)
Stv. Projektleiter (STV)	800,-	Tag (8 Std.)
Programmierer (PJ) / (PC)	700,-	Tag (8 Std.)
Tester (T)	700,-	Tag (8 Std.)
Sachkosten		
Tester (ext.) TE	1000,-	Tag (8 Std.)
Lizenz Software	10.000,-	Einmalig
Materialkosten		
Gemeinkosten	200,-	Tag je Mitarbeiter
Kapitalkosten		
Bereitstellungszinsen	3,5 % p. a.	
Kalkulatorische Kosten		
Risikozuschlag	12.000,-	

Tabelle 36: Kostensätze

2. Periodengerechte Zuordnung der Kosten

Zu jedem Vorgang werden die Kosten ermittelt und möglichst periodengerecht aufgeteilt. Bei der Kostenverteilung wird unterschieden:

- **anfangsverteilt**   Die gesamten Kosten entstehen zu Vorgangsbeginn.
- **gleichverteilt**   Die Kosten sind gleichmäßig über die Zeit verteilt.
- **endverteilt**   Die gesamten Kosten entstehen am Ende des Vorgangs.

Die Art der Verteilung der Kosten hat Einfluss auf den Zeitpunkt der Bereitstellung der Finanzmittel. Zur Verdeutlichung hier ein Auszug aus einem Projektplan / Kostenplan:

PSP	Vorgang	Arbeit	Ressource / Menge	Kosten €	Summe	Verteilung
A.2	**Phase 2 – Implementierung**					
A.2.10	Prototyp erstellen	10	TE 2	1000,-	20.000,-	Gleich
		40	PJ 2	700,-	56.000,-	Gleich
		12	PC 1	700,-	8.400,-	Gleich
A.2.1	Übergreifendes Datenbankdesign	10	PJ 2	700,-	14.000,-	Gleich
A.2.3	Statistik	10	T 1	700,-	7.000,-	Gleich
		10	PC 1	700,-	7.000,-	Gleich
...	...	...	...	...	...	
...				Summe	**137.000,-**	

Tabelle 37: Beispiel Kostenplanung (Auszug)

3. Kostenganglinie und Kostensummenlinie

Die **Kostenganglinie** zeigt den Kapitalbedarf / Finanzierungsbedarf zu bestimmten Zeitpunkten im Projektverlauf und bildet die Grundlage für die Kapitalbedarfsermittlung bzw. die Geldmittelvorschaurechnung.

Die **Kostensummenlinie** zeigt die Summierung der Kosten im Projektverlauf und dient als Grundlage für die Fortschrittsmessung und den Soll- / Ist-Vergleich.

Aus der Kostenverteilung leiten sich die Kostenganglinie und die Kostensummenlinie ab:

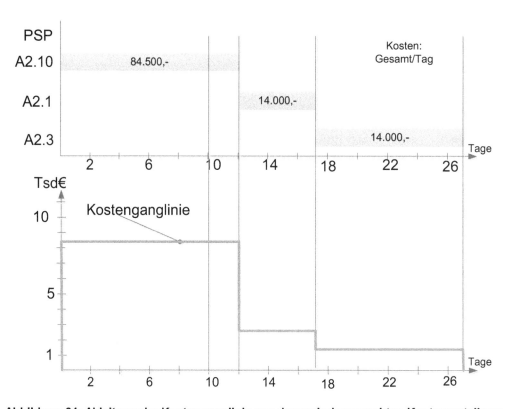

Abbildung 64: Ableitung der Kostenganglinie aus der periodengerechten Kostenverteilung

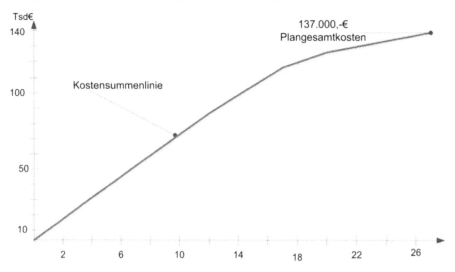

Abbildung 65: Kostensummenlinie

7. QUALITÄT

| PM4: 4.5.6 Qualität

7.1   Definitionen

Qualität

Gemäß ISO-Norm ist Qualität:

> *„Grad, in dem ein Satz inhärenter Merkmale Anforderungen erfüllt"*[57]

Audit

Ein Audit ist *„die systematische, unabhängige Untersuchung einer Aktivität und derer Ergebnisse, durch die das Vorhandensein und die sachgerechte Anwendung spezifischer Anforderungen beurteilt und dokumentiert werden"*[58]

Zu unterscheiden sind hier: [59]

- Systemaudit
  Das Systemaudit dient zum Nachweis der Wirksamkeit und Funktionsfähigkeit des gesamten Qualitätsmanagementsystems.
- Prozessaudit
  Untersucht die Wirksamkeit der eingesetzten Prozesse.
- Produktaudit
  produktbezogene Überprüfung – Soll- / Ist-Vergleich mit den Spezifikationen
- Projektmanagement-Audit[60] findet am Ende eines Projekts statt und prüft
  - PM-Festlegungen
  - PM-Durchführung
  - PM-Dokumentation
  - Einhaltung des PM-Handbuchs

---

[57] Vgl. ISO 9000:2009.
[58] Vgl. [71].
[59] Vgl. [34], Seite 7 f.
[60] Vgl. DIN 69905.

7.2 Qualitätsmodelle

7.2.1 KVP – Kontinuierlicher Verbesserungsprozess[61]

W.E. Deming hat als Berater, Lehrer und Autor mehr als 200 Arbeiten veröffentlicht. U. a. den Artikel „Out of Crisis (Technology Press 1986)", in dem er seine Theorie zu den 14 Punkten der Managementverbesserung aufführt. In Punkt 5 ist die Grundlage der ständigen Verbesserung beschrieben[62]:

„Suche ständig nach den Ursachen von Problemen, um alle Systeme von Produktion und Dienstleistung sowie alle anderen Aktivitäten im Unternehmen beständig und immer wieder zu verbessern."

Hieraus leitet sich der Qualitätszyklus oder auch PDCA-Zyklus ab.[63]

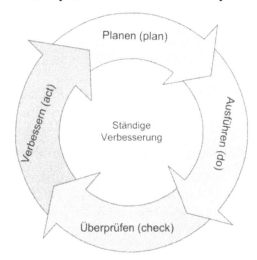

Abbildung 66: Der Qualitätszyklus von Deming

---

[61] Vgl. [34], Seite 303 ff.
[62] Vgl. [14].
[63] Vgl. [42], Seite 31 f.

7.2.2 TQM – Total Quality Management

TQM ist eine umfassende Qualitätsstrategie für ein Unternehmen. Es handelt sich dabei um ein von der Unternehmensleitung organisiertes, langfristig angelegtes und von den Mitarbeitern getragenes ganzheitliches Managementkonzept. Ziel ist es, die Wettbewerbsfähigkeit des Unternehmens durch größeren Markterfolg und sinkende Kosten langfristig zu sichern.

Im Mittelpunkt stehen dabei die konsequente Ausrichtung auf die Bedürfnisse der Kunden und eine kontinuierliche Verbesserung der Ergebnisqualität. Dabei werden alle Bereiche und Prozesse des Unternehmens eingebunden.[64]

T	• Partnerschaftliche Kommunikation zum Kunden • Einbeziehen der Mitarbeiter • Bereichs- und funktionsübergreifend • Öffentlichkeitsarbeit
Q	• Qualität des Unternehmens • Qualität der Prozesse • Qualität der Arbeit • Qualität der Produkte
M	• Führungsqualität • Qualitätspolitik und -Ziele • Team- und Lernfähigkeit • Beharrlichkeit

---

[64] Vgl. [34], Seite 344 ff.

7.3 Qualitätsmanagement-Werkzeuge

Verschiedene Werkzeuge können für das Qualitätsmanagement eingesetzt werden, mit denen sich viele auftretende Problemfälle beherrschen lassen:

Werkzeuge zur Fehlererfassung

- Fehlersammelliste
- Histogramm
- Qualitäts-Regelkarte

Werkzeuge zur Fehleranalyse

- Flussdiagramm
- Pareto-Diagramm
- Streudiagramm
- Ursache-Wirkungs-Diagramm
- Werteverlauf-Diagramm

7.3.1 Fehlersammelliste

Eine Fehlersammelliste stellt in einer einfachen Übersicht Fehler nach Art und Anzahl dar:

Lfd.-Nr.	Fehler	Anzahl
1	zu salzig	4
2	zu dunkel	7
3	zu hell	11
…	…	…

Tabelle 38: Beispiel Fehlersammelliste „Gebäckqualität"

Die Fehlersammelliste dient als Grundlage für das Pareto-Diagramm. Wichtig ist hier eine eindeutige Fragestellung bei der Datenerhebung.

7.3.2 Qualitäts-Regelkarte

Die Qualitätsregelkarte wird zur statistischen Überwachung von Prozessergebnissen eingesetzt. Definiert wird ein Mittelwert sowie, jeweils für obere und untere Werte, eine Warngrenze, eine Eingriffsgrenze und ein Grenzwert. Schematisch ist die Regelkarte wie folgt aufgebaut:

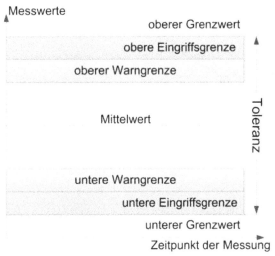

Abbildung 67: Schematischer Aufbau und Beispiel einer Qualitätsregelkarte

7.3.3 Flussdiagramm

Flussdiagramme werden eingesetzt, um Prozessabläufe darzustellen.

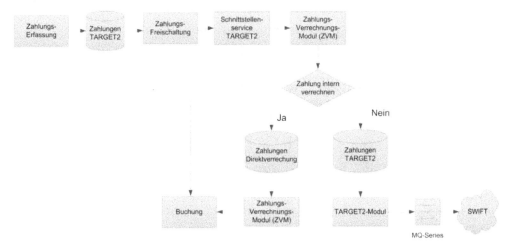

Abbildung 68: Beispiel: Flussdiagramm

133

7.3.4 Streudiagramm / Korrelationsdiagramm

Das Streudiagramm stellt die grafische Beziehung zweier veränderlicher Faktoren in Beziehung. Zu beachten ist jedoch, dass die Korrelation u. U. nicht aussagekräftig ist (bspw. das Verhältnis der aktuellen Storchpopulation zu Neugeborenen):

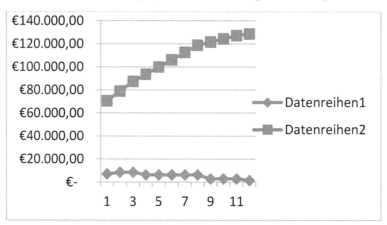

Abbildung 69: Beispiel: Streudiagramm

7.3.5 Histogramm

Das Histogramm oder Säulendiagramm zeigt die Häufigkeitsverteilung klassifizierter Daten.

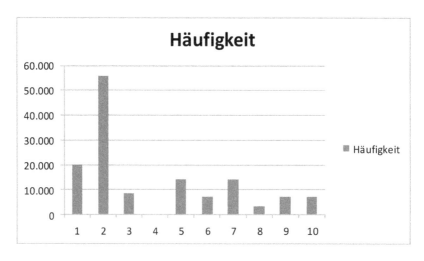

Abbildung 70: Beispiel: Histogramm

7.3.6 Ursache-Wirkungs-Diagramm

Das Ursache-Wirkungs-Diagramm, auch Fischgrätendiagramm, Fishbone-Diagram oder Ishikawa-Diagramm genannt, basiert auf den sog. 5 „M"s:

- **M**ensch
- **M**aschine
- **M**aterial
- **M**ethode
- **M**itwelt / Milieu

Zu jeder dieser Ursachen werden Beispiele gesucht, um das Problem, die Wirkung, zu begründen. Die einzelnen Ursachen werden dann weiter in Nebenursachen und Einzelursachen heruntergebrochen.

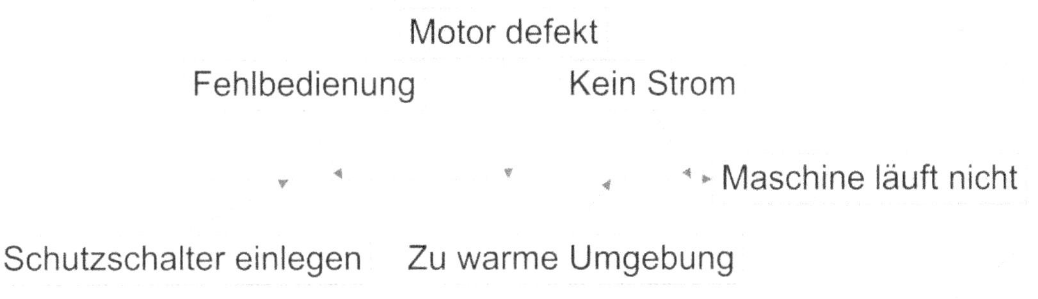

Motor defekt

Fehlbedienung   Kein Strom

◀ ▸ Maschine läuft nicht

Schutzschalter einlegen   Zu warme Umgebung

Abbildung 71: Beispiel: Ursache-Wirkungs-Diagramm

7.3.7 Pareto-Prinzip

Das Pareto-Prinzip basiert auf den Untersuchungen des italienischen Ingenieurs, Soziologen und Ökonomen Vilfredo Pareto.

Das Pareto-Prinzip, auch 80/20-Regel genannt, besagt, dass mit 20 % des Aufwands 80 % des Ergebnisses erreicht werden. Dieses Prinzip kann auf viele Bereiche übertragen werden, z. B. Zeitmanagement, Selbstmanagement und Produktivität.

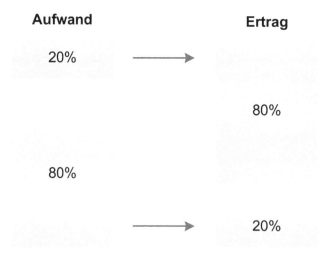

Abbildung 72: Pareto-Prinzip

Beispiele für den Einsatz:

- 20 Prozent der Kunden erzeugen 80 Prozent des Umsatzes
- 20 Prozent der Angestellten sind für 80 Prozent des Gewinnes verantwortlich
- In 20 Prozent deiner Zeit erledigst du 80 Prozent deiner Aufgaben
- 80 Prozent der Verkäufe werden von 20 Prozent der Produkte erzeugt

Diese Aussagen beschreiben jedoch lediglich einen erfahrungsbasierten Trend, der jeweils bei konkreten Entscheidungen zu hinterfragen ist.

8. BESCHAFFUNG

| PM4: 4.5.9 Beschaffung

8.1 Verträge und Vereinbarungen

8.1.1 Definitionen

Vertrag

Das Bürgerliche Gesetzbuch (BGB) definiert den Vertrag wie folgt:

„Der Vertrag ist ein Rechtsgeschäft. Es besteht aus inhaltlich übereinstimmenden, mit Bezug aufeinander abgegebenen Willenserklärungen (Angebot und Annahme) von mindestens zwei Personen."[65]

Vertragsmanagement

„Ein Aufgabengebiet innerhalb des Projektmanagements zur Steuerung der Gestaltung, des Abschlusses, der Fortschreibung und Entwicklung von Erträgen zur Erreichung der Projektziele".[66]

Die Zielsetzung ist demnach: Die optimale Vertragsgestaltung zum Erreichen des Vertragsziels und Unterstützen des Nachforderungsmanagements.

Mangel

Ein Rechtsmangel liegt immer dann vor, wenn ein Dritter aufgrund eines privaten oder öffentlichen Rechts das Eigentum, den Besitz oder den Gebrauch der Sache oder des Rechts beeinträchtigen kann.

---

[65] Quelle: Bürgerliches Gesetzbuch (BGB) aus Schönfelder, Verlag C. Beck, Stand 2011.
[66] Vgl. DIN69905.

8.1.2 Relevante Vertragstypen in der Projektarbeit

Gesetzliche Grundlagen

Das Vertragsrecht ist geregelt im **BGB** (Bürgerliches Gesetzbuch) und im **HGB** (Handelsgesetzbuch). Die gesetzlichen Grundlagen des Vertragsrechts finden sich in §§ 145 ff. BGB.

8.1.3 Schuldverhältnisse

Generell wird durch den Abschluss einer vertraglichen Beziehung ein Schuldverhältnis begründet:

Abbildung 73: Verträge – Schuldverhältnis

Kaufvertrag (Kaufvertrag: §§ 433 ff. BGB)

Der Verkäufer schuldet eine Kaufsache frei von Sach- und Rechtsmängeln. Der Verkäufer verpflichtet sich, an den Käufer gegen Entgelt Eigentum und Besitz zu übertragen.

Dienstleistungsvertrag (Dienstvertrag: §§ 611 ff. BGB)

Der Auftragnehmer schuldet eine **Leistung** unabhängig vom Erfolg. Derjenige, der Dienste zusagt, verspricht die Leistung der versprochenen Dienste, der andere Teil die Gewährung der vereinbarten Vergütung.

Werkvertrag (Werkvertrag: §§ 631 ff. BGB)

Der Auftragnehmer schuldet **Erfolg.** Der Auftraggeber schuldet die zugesagte Gegenleistung und die Abnahme.

8.1.4 Rechte aus Schuldverhältnissen

Aus den vorgenannten Schuldverhältnissen erwachsen für den Auftragnehmer und Auftraggeber eine Vielzahl von Rechten und Pflichten:

Rechte des Auftraggebers (AG)	Rechte des Auftragnehmers (AN)
Vertragsstrafe (muss im Vertrag vereinbart sein)	Verweigerung der Leistung bei Nichtzahlung
Verweigerung bzw. Aufschub der Zahlung bei Mängeln	Einzug von Verzugszinsen
Nacherfüllung bei Mängeln (Mangel muss angezeigt und Gelegenheit zur Beseitigung gegeben werden)	Rücktritt (wenn Frist zur Nacherfüllung abgelaufen ist)
Minderung und Rücktritt (wenn Frist zur Nacherfüllung abgelaufen ist)	
Schadenersatz (bei Verschulden des AN, wenn Frist zur Nacherfüllung abgelaufen ist)	Schadenersatz (bei Verschulden des AG, wenn Frist zur Nacherfüllung abgelaufen ist)
Kündigung aus wichtigem Grund, wenn Fortsetzung nicht mehr zumutbar ist und auch Abmahnung erfolglos bleibt	Kündigung aus wichtigem Grund, wenn Fortsetzung nicht mehr zumutbar ist und auch Abmahnung erfolglos bleibt

Tabelle 39: Rechte des Auftraggebers und -nehmers

Als Projektleiter sollte man bei jeder vertragsrelevanten Änderung einen Juristen zurate ziehen, der den Vertrag auf juristische Aspekte hin überprüft. Diese sind u. a.:

- Vertragsschließung
- Vertragsänderung
- Vertragsverletzung
- Vertragskündigung

8.1.5 Leistungsstörungen

Der Auftragnehmer hat die Leistung vollständig, zum vorgegebenen Termin in der vereinbarten Qualität abzuliefern. Abweichungen hiervon sind Leistungsstörungen:

- Verzug
- Schlechtleistung
- teilweise Nichtleistung
- Unmöglichkeit / Unvermögen
- Minderleistung (z. B. gelieferte Menge / Qualität entspricht nicht der vereinbarten Leistung)

Leistungsstörungen führen zu Sanktionen, sogenannten Rechtsfolgen:

- Nachbesserung, Nacherfüllung
- Selbstvornahmen (bspw. ein Dritter repariert eine defekte Sache)
- Herabsetzung der vereinbarten Vergütung (Minderung)
- Schadensersatz
- Vertragsstrafen
- Nichtabnahme
- Rücktritt vom Vertrag

Diese Leistungsstörungen können zu Forderungen gegen den Vertragspartner führen und sind daher im Projekt besonders zu berücksichtigen. Insbesondere bei Bauprojekten wird dies im sogenannten Claim- oder Nachforderungs-Management berücksichtigt, jedoch ist das Nachforderungs-Management auch für andere Projektarten sinnvoll.

8.2 Claim-Management

8.2.1 Definition[67]

Claim / Nachforderung

Forderungen aufgrund eines Vertrages, die eine Vertragspartei an die andere stellt, wenn die andere Vertragspartei ihre vertraglichen Verpflichtungen nicht oder nur mangelhaft erfüllt.

Oder: Wenn die andere Vertragspartei aufgrund vertraglicher Regelungen Änderungen des Vertrages fordert.

Oder: Wenn die Vertragsabwicklung durch Ursachen gestört wird, die keine der Vertragsparteien zu vertreten hat.

8.2.2 Zielsetzung

- Leistungen im Projekt erfolgreich einkaufen
- proaktives Claim-Management durchführen können, d. h. Nachforderungen geltend machen
- Claims abwehren

Bei Abweichungen vom Vertrag in Form von außervertraglichen Leistungen und Leistungsstörungen müssen diese zunächst erfasst und bewertet werden. D. h., es muss geklärt werden, inwieweit sich daraus eine Abweichung hinsichtlich Kosten, Leistungen und Terminen ergibt. Ggf. muss daraus auf Grundlage des Vertragswerkes durch Juristen ermittelt werden, ob sich gegenüber dem Vertragspartner ein Anspruch geltend machen lässt. Ein solcher Anspruch muss in einer Stellungnahme begründet werden. Die durch das Vertragsmanagement während der Vertragslaufzeit gesammelten Dokumente dienen als Nachweis der Ursachen für diesen Anspruch, so dass seine Durchsetzung erwirkt werden kann. Hier greift das Claim-Management.

Das Claim-Management enthält sowohl Chancen als auch Risiken. Ziel des Claim-Managers ist es, die Risiken zu minimieren und die Chancen zu nutzen. Dabei geht es nicht nur um das Erzielen zusätzlicher Erträge, sondern insbesondere auch um die Abwehr von Claims.

---

[67] Vgl. [33].

Durch die Überwachung der Leistungserbringung können bereits frühzeitig Risiken erkannt werden.

8.2.3 Arten von Claims

Terminliche Claims

Zeitverzug aufgrund von fehlenden Beistellungsleistungen.

Inhaltliche Claims

Lieferung entspricht nicht den vorgegebenen Leistungsmerkmalen.

Finanzielle Claims

Bereitstellungskosten aufgrund von verspäteten Zulieferleistungen des Auftraggebers.

8.2.4 Erstellen eines Claims

Anstoß

Darstellung der Fakten zum Claim: Grundlagen, Herleitung, was ist passiert und welche Auswirkung hatte das Ereignis. Prüfen der Fakten: korrekt – vollständig – unstrittig?

Rechtfertigung

Anspruchsgrundlage prüfen, nur was vor Gericht Bestand hat, ist auch verwertbar.

Bewertung

Bewertung der Kosten für die Nachforderung. Nur Kosten, keine Gewinne o. ä. aufführen!

Beweise

Die Beweise müssen gerichtsverwertbar sein: Eigenbelege, Schilderung vom Hörensagen etc. sind nicht verwertbar. Dokumente sind über das Dokumentenmanagement anzufordern bzw. zusammenstellen, damit die Beweise vollständig sind.

8.3 Make or Buy

Projektkomponenten können entweder selbst erstellt oder fremdbezogen werden. Dabei ist aus wirtschaftlicher, strategischer und risikobasierter Sicht zu analysieren, welches Vorgehen die meisten Vorteile bringt.

Gründe für eine „Make"-Entscheidung:

- Kapazitätsengpässe
- Know-how extern nicht vorhanden
- zu hohe Herstellungskosten
- Risiken
- Abhängigkeit vom Lieferanten

Gründe für eine „Buy"-Entscheidung:

- Risiken
- Preis günstiger als bei Selbstvornahme
- Dringlichkeit
- Thema außerhalb des eigenen Geschäftsfeldes

Einflussfaktoren

Einfluss auf eine sorgfältige Make-or-Buy-Entscheidung haben eine Reihe von quantifizierbaren und nicht quantifizierbaren Faktoren. Zu den quantifizierbaren Einflussfaktoren gehören in erster Linie die Kosten, die ermittelt, untersucht und verglichen werden müssen. Neben der Kostenbetrachtung sind auch die Kapazitätsauslastung im Projekt, Stichwort Ressourcenengpass, und weitere nicht quantifizierbare Faktoren zu berücksichtigen:

- Qualität, Technik und Funktionalität
- fertigungstechnisches Know-how und Flexibilität
- Qualifikation der Mitarbeiter
- Zulieferer (Abhängigkeit, Termintreue)
- Kunden- und Mitarbeiterzufriedenheit

Schritte der Make-or-Buy-Analyse

Eine Make-or-Buy-Analyse ist strukturiert durchzuführen. In der Praxis hat sich folgende Vorgehensweise bewährt:

1. Produktbeschreibung

Genaue Beschreibung des zu analysierenden Produkts in Form von Ausschreibungsunterlagen. Auf Basis einer detaillierten Leistungsbeschreibung ist ein exakter Vergleich mit den Eigenerzeugnissen sowie der Qualität potenzieller Anbieter möglich.

2. Alternativen

Ermittlung von konkreten Alternativen. Welche potenziellen Partner gibt es und kommen in Frage? Es folgt eine Lieferantenauswahl und das Einholen von Angeboten.

3. Kalkulation und Kostenvergleich

Erstellen einer Kalkulation für die Selbstvornahme. Diese Kalkulation dient für den Kostenvergleich als Basis. Bei der Kalkulation der Kosten sind die variablen und fixen Kosten, Opportunitätskosten sowie anfallenden Transaktionskosten zu berücksichtigen.

Im Rahmen einer Kostenvergleichsrechnung wird die wirtschaftlich sinnvollste Variante ermittelt.

4. Nicht quantifizierbare Faktoren

Die nicht quantifizierbaren Einflussfaktoren werden ermittelt und in einer Entscheidungsmatrix aufbereitet.

5. Analyse und Entscheidung

Es folgt eine detaillierte Analyse der ermittelten Entscheidungskriterien und Entscheidung für eine Variante und ggf. eines Lieferanten.

9. PLANUNG UND STEUERUNG

PM4: 4.5.10 Planung und Steuerung

9.1 Projektstart

9.1.1 Einflussmöglichkeiten

Der Projektstart erscheint auf den ersten Blick nur lästig zu sein, da hier viele „bürokratische" Hürden genommen werden müssen. Jedoch erweist sich in der Praxis vielfach, dass ein sauberer Projektstart für den Projekterfolg enorm wichtig ist, da hier die Basis für das gesamte Projekt gelegt wird.

Zum Projektstart hat der Projektleiter noch alle Möglichkeiten der Projektbeeinflussung. Diese nehmen im Projektverlauf rapide ab. Folgende Grafik zeigt eine schematische Übersicht einer Projektentwicklung.

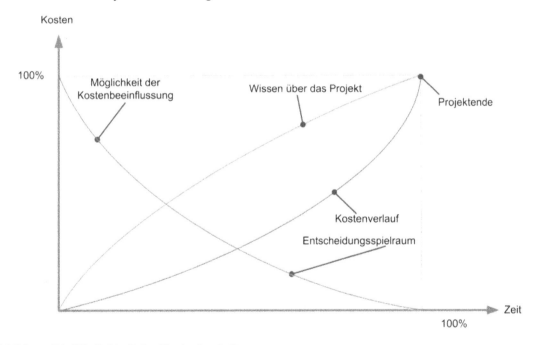

Abbildung 74: Möglichkeit der Kostenbeeinflussung

Dabei zeigt sich, dass die Möglichkeiten der Beeinflussung des Projektes mit zunehmendem Fortschritt abnehmen oder mit hohen Änderungskosten verbunden sind.

9.1.2 Projektstart im engeren und im weiteren Sinn

Der Projektstart kann in eine Vorphase, einen formellen Start und eine Organisations-phase eingeteilt werden. Zu Beginn der Vorphase müssen einige Voraussetzungen er-füllt sein:

- Eine Projektidee muss vorliegen
- Es gibt einen Auftraggeber
- Ein Projektleiter ist vorhanden

	Formeller Projektstart	
• Projektidee präzisieren		• Projektziele präzisieren
• Anforderungsanalyse		• Projektteam aufbauen
• Machbarkeitsstudie		• Projektorganisation
• Abschätzung der Wirtschaftlichkeit		• Stakeholder-Analyse
• Projektauftrag		• Risikoanalyse
		• Pflichtenheft

Abbildung 75: Aufteilung des Projektstarts

Den Projektstart kann man zum einen als Zeitpunkt „Start des Projektes" definieren, an dem sich die wesentlich Beteiligten einig sind, dass es ein Projekt geben soll. Auch ist der Projektstart ein Zeitraum, in dem das Projekt definiert und eingerichtet wird.

In der Vorphase wird dann die Projektidee präzisiert und daraus in einer Anforderungs-analyse ein Lastenheft oder Anforderungskatalog abgeleitet. Es wird ggf. eine Machbar-keitsstudie und eine Abschätzung der Wirtschaftlichkeit durchgeführt. Die Ergebnisse werden mit dem Auftraggeber abgestimmt und bewertet und ein formeller Projektauftrag erteilt.

Der formelle Start des Projektes erfolgt am besten in einem Management-Kick-Off-Mee-ting, in dem der Projektauftrag verabschiedet und ein Projektleiter förmlich ernannt wird. Ab diesem Zeitpunkt existiert das Projekt in der Organisationsstruktur.

Der Projektstart im engeren Sinn beinhaltet die Einrichtung und Definition der wichtigsten Eckwerte des Projekts (Ziele, Aufwand, Kosten, Lieferobjekte). Besonders wichtig sind hier die Festlegungen zur Organisation, Kompetenzen des Projektleiters und eine klare Regelung der Beistellpflichten des Auftraggebers. Hier wird der Grundstein für den Erfolg oder Misserfolg eines Projektes gelegt. Am Ende steht die Durchführung des Start-workshops.

Im weiteren Sinn umfasst der Projektstart zudem weiterführende Planungen: Risiken, Chancen, Stakeholder und Umfeld, die mit dem offiziellen Projekt-Kick-Off abgeschlossen werden.

Abbildung 76: Projektstartprozess

Der Projektstart ist abgeschlossen, wenn der Projektleiter mit dem Projekt-Team eine Vereinbarung erzielt hat über:

- Ziele
- Zeitbedarf
- Budget
- Ablauf des Projekts
- Verantwortung und Kompetenz der beteiligten Mitarbeiter, Stellen und Organisationen

D. h., es liegen alle Informationen vor, die für eine Leistungserbringung durch das Projekt notwendig sind.

9.1.3 Projektstartsitzung / Projektstart-Workshop

Zum eigentlichen Projektstart wird mit dem Projektteam eine Projektstartsitzung durchgeführt. Voraussetzung dafür ist, dass alle Hintergründe des Projektes bekannt sind und alle offenen Fragen geklärt wurden. Die wichtigsten Parameter des Projektstartworkshops sind:

Ziele

- Rahmenbedingungen sind durch das Team festgelegt
- Ziele sind definiert und alle Teammitglieder haben zugestimmt
- Aufgaben der Phasen „Definition" und „Planung" sind verteilt

Team

- Formierung des Projektkernteams
- Erste Team-Bildungsmaßnahmen
- Die Beteiligten kennen sich untereinander und ihre Funktionen im Projekt
- Die grundlegenden Regeln der Zusammenarbeit sind vereinbart

Mitarbeiter

- Mitarbeiter integrieren und motivieren → Akzeptanz Rahmenbedingungen
- Basis für die Identifikation der Mitarbeiter mit dem Projekt schaffen

9.2 Projektabschluss

9.2.1 Definitionen

Projekterfolg

Ein Projekt ist erfolgreich abgeschlossen, wenn das magische Dreieck aus Terminen, Kosten und Leistung eingehalten wurde.[68]

Zusätzlich ist der Projekterfolg an der Zufriedenheit der wichtigsten Stakeholder zu erkennen.

---

[68] Vgl. [25], Seite 57.

9.2.2 Aktivitäten zum Projektende

Am Ende eines Projektes ist der Projektgegenstand fertiggestellt und es erfolgt die Übergabe des Projektergebnisses und dessen Abnahme durch den Auftraggeber. Auch wenn die Arbeiten am Projektgegenstand abgeschlossen sind, ist ein Projekt dann noch nicht zu Ende. Folgende Aktivitäten müssen im Zuge des Projektabschlusses noch bearbeitet werden:

- Nachkalkulation der Kosten
- Formelle Abnahme durch den Auftraggeber
- Übergabe des Projektgegenstandes an die Linie
- Auflösung des Projektteams, Rückführung in die Linie
- Erfahrungssicherung (Lessons Learned, Wissensdatenbank etc.)
- Projektabschlusssitzung mit Team und Auftraggeber zur Entlastung des Projektleiters und formaler Übergabe der Projektergebnisse
- Erstellung des Projektabschlussberichts
- Durchführung eines Abschlussevents als würdigen Abschluss des Projektes

9.2.3 Lessons Learned

Zumindest am Projektende sollte eine Erfahrungssicherung durchgeführt werden. Dies kann durch einen gemeinsamen Workshop, Erfahrungsdatenbanken oder auch durch User Storys, die jeder Projektmitarbeiter erstellt, erfolgen. Wichtig ist, dass die Erkenntnisse nicht nur pro forma abgefragt werden, sondern weiterhin für spätere Projekte Verwendung finden können. Die Fragestellungen in einem Lessons Learned Workshop sind mindestens diese:

- Was lief gut?
- Was lief schlecht?
- Was können wir verbessern?

9.3   Projektcontrolling

9.3.1   Definition

Controlling ist die Bereitstellung von Methoden und Informationen für arbeitsteilig ablaufende Planungs- und Kontrollprozesse sowie die funktionsübergreifende Unterstützung und Koordination solcher Prozesse.[69] Ziel des Projektcontrollings ist es, frühzeitig Abweichungen im Projektverlauf zu erkennen und Steuerungsmaßnahmen einzuleiten.

9.3.2   Fortschritt-Messmethoden

Die Fortschrittskontrolle zur Messung der bereits erledigten Arbeit wird in regelmäßigen Abständen durchgeführt und bildet die Basis für das Berichtswesen und das Projektcontrolling. Die Messung des Fortschritts erfolgt auf Basis der für das Arbeitspaket (AP) definierten Messmethode. Zur Messung werden folgende Methoden eingesetzt:

- **Statusschritte** (z. B. Mikromeilensteine im AP)
  Für umfangreichere Arbeitspakete; Teilergebnissen wird vorab ein Fertigstellungswert zugeordnet:
  Arbeitspaket Kellergeschoss errichten: MS1-Grube ausgehoben (30 %), MS2-Bodenplatte gegossen (30 %), MS3-Kellerwände betoniert (30 %), MS4-Geschossdecke fertiggestellt (10 %).

- **50–50 Methode**
  Insbesondere für kleinere AP: 50 % FW bei Beginn, 50 % bei Fertigmeldung

- **0–100 Methode**
  Das AP wird bis zur endgültigen Fertigstellung mit 0 % bewertet – insbesondere bei sehr kleinen Arbeitspaketen sinnvoll.

- **Mengenproportionalität**
  Fortschritt auf Grundlagen von Materialverbrauch (z. B. Straßenbau)

---

[69] Vgl. [63], Seite 21.

- **Sekundärproportionalität**
  Liegen keine quantitativen Messpunkte vor, können z. B. Qualitätssicherungen (Abnahme-Konzept erfolgt) herangezogen werden.

- **Schätzung**
  Die am meisten verbreitete Messmethode: Angabe des Fortschritts durch Schätzung durch den AP-Verantwortlichen oder Fachpersonal. Besondere Vorsicht ist bei Aussagen wie „fast fertig" oder „zu 90 % fertig", dem sog. 90-%-Syndrom angebracht.
  Hier kann durch ein methodengestütztes Verfahren, bspw. Mikromeilensteine, gegengesteuert werden.

- **Zeitproportionalität**
  Fortschrittsmessung anhand der verstrichenen Zeit, z. B. Projektmanagement.

9.3.3 Berichte

Ad-hoc-Bericht

Der Ad-hoc-Bericht wird für eine schnelle Information erstellt und beinhaltet die wesentlichen Eckpunkte zum Arbeitspaket oder Projekt wie Bearbeitungs-Status und Probleme. Der Ad-hoc-Bericht kann auch mündlich gegeben werden.

Statusbericht

Der Status des Arbeitspakets oder des Projekts wird regelmäßig erstellt und dient dem Projektleiter zur Planung und Steuerung des Projekts sowie für das Berichtswesen an ausgewählte Stakeholder.

Inhalt eines Statusberichts

Statusbericht Arbeitspaket	
Projekt	Datum
Projektleiter	AP-Verantwortlicher
Arbeitspaket-Nr (PSP)	Berichtszeitraum
Status O kritisch O teilweise kritisch O im Plan	Kurzbeschreibung Status
	Maßnahmen bei Abweichungen
Status Leistung	
Status Kosten	
Status Termine	
Probleme / Schwierigkeiten	
Aktivitäten im nächsten Berichtszeitraum	
Datum	Unterschrift

9.4   Konfigurations- und Änderungsmanagement

Das **Konfigurationsmanagement** (KM) wurde in den 1960er Jahren im militärischen Umfeld entwickelt. Ziel war es, stets genau zu wissen, welche Komponenten in den verwendeten Produkten verbaut wurden.

9.4.1   Definition

Das V-Modell XT definiert das **Konfigurationsmanagement** wie folgt:[70]

„Das Ziel des Konfigurationsmanagements (KM) besteht darin, sicherzustellen, dass ein Produkt bezüglich seiner funktionalen wie auch äußeren Merkmale jederzeit eindeutig identifizierbar ist. Diese Identifikation dient der systematischen Kontrolle von Änderungen und zur Sicherstellung der Integrität, auch während der Nutzung des Produktes."

Das **Änderungsmanagement** besteht aus einem Prozess zur Freigabe von neuen Komponenten und zur Überarbeitung und Freigabe von bestehenden Komponenten.

9.4.2   Vorgehen

Feststellen der Basiskonfiguration	Identifikation der Konfiguration	Änderungs-management	Buchführung	Audit

- Feststellen der Basiskonfiguration
  Definition der ersten Konfiguration (Baseline).

- Identifikation der Konfiguration
  Welche Komponenten sind in der Konfiguration enthalten?

- Änderungsmanagement
  Prozess bei Änderungen an der Konfiguration.

---

[70] Vgl. [96].

- <u>Buchführung</u>
  Festschreiben und Dokumentieren von Änderungen und nicht realisierten Anforderungen.

- <u>Auditierung</u>
  Überprüfung der Einhaltung von Regeln des Konfigurations- und Änderungsmanagements.

9.4.3 Projektbeispiel – Änderungsmanagement

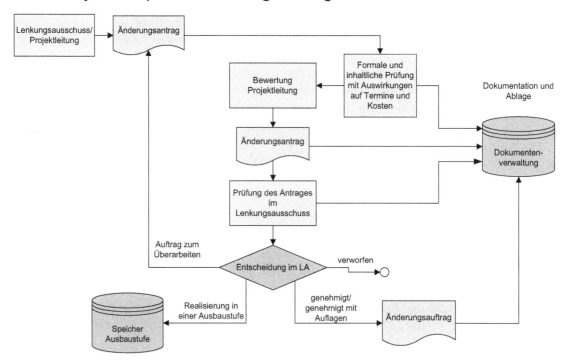

Abbildung 77: Beispiel eines Änderungsprozesses

Alle Änderungen werden über den Lenkungsausschuss oder den Projektleiter, bis 10 Tage oder 10.000,-€ Änderungsvolumen, eingereicht. Nach der Prüfung der Auswirkungen und fachlichen Notwendigkeit wird eine Empfehlung an den Lenkungsausschuss gegeben, den Änderungsantrag zu genehmigen oder zu verwerfen.

ROT GmbH	Projekt	SunOrganizer
Datum:	12.11.2002	
Verfasser:	Heinze, Sunnie	
Dokument: SO-AA-11-02-015		

Kurzbeschreibung

Ausgabe der Anzeige auf 2. externen Bildschirm

.

Fachliche Beschreibung

Ist-/Ausgangssituation	Die festgeschriebene Konfiguration lässt nur die Ausgabe auf einem Monitor zu.
Zielsetzung	Ansteuerung eines 2. externen Monitors / Bildschirms / Fernsehers zur Kundeninformation. Anschluss über Chinch-Stecker.

Aufwandschätzung (PT/€)

Personentage		Investitionen	
Design	1	Dual-Grafikkarte	250,-
Programmierung	1	Fernseher	300,-
Test	1		480,-
QS	0,5		240,-
Sonstiges	0,5		240,-
Summe	**4**		**1510,-**

Bewertung Projektleitung (1-gering, 10-hoch)

Auswirkungen auf		Bemerkungen
Termine	1	
Kosten	1	
Leistungsumfang	3	
Kundenzufriedenheit	10	Expliziter Kundenwunsch

Votum Lenkungsausschuss

Votum	Bemerkungen
☐ genehmigt	
☐ genehmigt mit Auflagen	
☐ endgültig verworfen	
☐ Realisierung in einer Ausbaustufe	

9.5 Veränderungen – Changemanagement

| PM4: 4.5.13 Change und Transformation

Bei der Einführung von neuen oder der Veränderung von bestehenden Prozessabläufen werden verschiedene Phasen durchlaufen, die jeder kennen sollte, der diese Prozesse optimiert. Jede Veränderung beginnt mit der Vorbereitung und Planung. Klare Zeitvorgaben sind ebenso wichtig wie regelmäßiger Austausch über den Fortschritt und etwaige Probleme. Kurt Lewin hat hierfür folgendes Modell entwickelt:

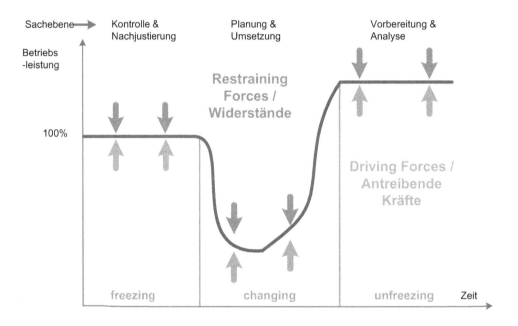

Abbildung 78: Change-Management nach Lewin[71]

In der oben stehenden Abbildung ist der idealtypische Verlauf der Betriebsleistung während eines Veränderungsprozesses dargestellt.

---

[71] Angelehnt an: Lewin 1963, *Feldtheorie der Sozialwissenschaften*, Bern: Huber, S. 262 f.

In jeder Organisation wirken Kräfte „Driving forces" und „Restraining forces", die den Wandel antreiben oder dem Wandel entgegenwirken. Damit es zu Veränderungen kommt, müssen die Driving forces gestärkt werden. Dies ist Aufgabe des Change-Managements. Da diese Kräfte von den Mitarbeitern ausgehen, ist es wichtig, die Mitarbeiter von Anfang an am Wandel zu beteiligen. Sie müssen vom Wandel überzeugt werden, um selbst zur treibenden Kraft zu werden. Das ist viel Arbeit, zahlt sich allerdings aus. Kurt Lewin beschreibt folgenden Veränderungsprozess, bei dem der Faktor Mensch und die Kommunikation als wichtigste Elemente definiert sind:

Unfreezing / Auftauen

Zu Beginn des Veränderungsprozesses muss den Mitarbeitern die grundsätzliche Bereitschaft für den Wandel vermittelt werden. Dies erfolgt durch aktive und offene Kommunikation der Notwendigkeit der Veränderungen.

Changing / Veränderung

Im Zuge der Umsetzung der Maßnahmen sinkt die Leistung i. d. R. stark ab. Dies ist u. a. damit begründet, dass noch immer Widerstände vorhanden sind und die Mitarbeiter sich an die neue Situation erst noch gewöhnen müssen. Eine gute Kommunikation bzgl. des Veränderungsprozesses kann hier helfen, die Veränderungen reibungsloser zu gestalten.

Refreezing / Einfrieren

Hier muss das kontinuierliche Leistungsniveau wiederhergestellt werden. Zu beobachten ist, dass einige Mitarbeiter, aber auch Führungskräfte dazu neigen, in alte Verhaltensweisen zurückzufallen. Bis die neuen Verfahren etabliert sind, sollte daher eine permanente Ist-Analyse durchgeführt werden, um ggf. zielgerichtet gegensteuern zu können.

III. SOFTSKILLS IM PROJEKTMANAGEMENT – PEOPLE

1. TEAMWORK

| PM4: 4.4.6 Teamwork

Teams werden nicht einfach durch eine Entscheidung des Managements „geboren" und sind unmittelbar voll funktionstüchtig. Zum einen bestehen Teams aus Individuen: In der Regel dauert es eine Weile, bis sich die verschiedenen Teammitglieder aufeinander eingestellt und Beziehungen zueinander entwickelt haben, die zum Beispiel gegenseitiges Vertrauen ermöglichen. Zum anderen sind, gerade bei neu gebildeten Teams, die Aufgaben und/oder die Art der Aufgaben, die es zu lösen gilt, unklar und es erfordert Abstimmung und Kommunikation, um sich über das optimale Vorgehen klar zu werden.

1.1   Definitionen

Gruppe

Eine Gruppe ist ein soziales System, dessen Sinnzusammenhang unmittelbar durch diffuse Mitgliederbeziehungen sowie durch relative Dauerhaftigkeit bestimmt ist.[72]

Team

Personen, die für einen gewissen Zeitraum in direkter sozialer Interaktion stehen und ein gemeinsames Ziel verfolgen. Eine Gruppe ist nicht immer ein Team, aber ein Team ist immer eine Gruppe.[73]

Ein Team erkennt man an einer hohen Autonomie, großer Beteiligung der Teammitglieder und hohem Zusammenhalt in der Gruppe. Daher werden als Gruppenattribute auch folgende Begriffe verwendet:

- **Autonomie**   - Grad der Selbstbestimmung der Gruppe
- **Partizipation**   - Beteiligung der Teammitglieder, z. B. an der Zielfindung
- **Kohäsion**   - Zusammenhalt der Gruppe

---

[72] Vgl. [35], Seite 15.
[73] Ebenda, Seite 18.

1.2 Teambildung

1.2.1 Team-Uhr nach Tuckman

Zwei Modelle, wie sich neu gebildete Teams entwickeln, sollen im Folgenden diskutiert werden. Zunächst wird das Phasenmodell der Teamentwicklung von Tuckman behandelt, das sich auf Gruppen mit relativ langer Lebensdauer bezieht.
Der Teambildungsprozess lässt sich, nach Tuckman, in folgende Phasen einteilen:[74]

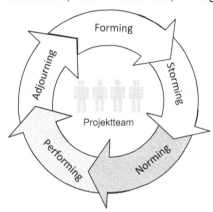

Abbildung 79: Teambildungsphasen nach Tuckman

Phase	Gekennzeichnet durch
Forming Formierungsphase	• Benennung der Teammitglieder • Unsicherheit in der Zusammenarbeit • Gegenseitiges „Abtasten" der Teammitglieder
Storming Konfliktphase	• Konflikte im Team • Aufbegehren gegen die Führenden / Einzelgänger • Grenzen werden ausgelotet
Norming Normierungsphase	• Gruppenzusammenhalt entsteht • Spielregeln werden akzeptiert • Gemeinsame Ziele werden angenommen
Performing Produktivitätsphase	• Alle Energie wird für die Zielerfüllung verwendet • Rollen sind festgelegt und akzeptiert
Adjourning Auflösungsphase	• Rückführung der Teammitglieder in die ursprünglichen Funktionen, Auflösungserscheinungen

Tabelle 40: Teambildungsphasen nach Tuckman

---

[74] Vgl. [16], Seite 23 f.

Rolle des Projektleiters in der Teambildung

Phase	Rolle des Projektleiters
Forming	**Gastgeber** • Optimierung der Formierungsphase
Storming	**Katalysator** • Klare Vorgaben durch die Projektleitung • Offene und häufige Information an das Projektteam • Gemeinsames Aufarbeiten der Themen • Außenwirkung des Projektes • Selbstbild vs. Fremdbild
Norming	**Katalysator** • Unterstützung des Teams durch Coaching durch den Projektleiter • Verbindliche Vereinbarung von Normen für Kommunikation, Umgang miteinander etc. • Schaffung von ersten gemeinsamen Erfolgserlebnissen
Performing	**Gleicher unter Gleichen** • Begleitung des Projektteams durch den Projektleiter als Kommunikator nach außen: Feedback an den Auftraggeber • „Feiern"
Adjourning	**Coach** • Unterstützung der Teammitglieder bei der Rückführung • „Türöffner" für die Projektmitglieder • Schaffen von erinnerungsrelevanten Artefakten

Tabelle 41: Rolle und Maßnahmen des Projektleiters

1.2.2   Modell temporärer Teams – Punctuated-Equilibrium-Modell

Das Punctuated-Equilibrium-Modell geht von zwei Phasen der Teamentwicklung aus: Nach der ersten Zusammenkunft als Team beginnt man sofort auf einem relativ niedrigen Leistungsniveau mit der Bearbeitung der anstehenden Aufgaben („Ist ja noch viel Zeit"). Ungefähr zur Hälfte der zur Verfügung stehenden Zeit kommt es zu einem „Aufwachen" des Teams (Transition).

Zu dieser Halbzeit wird dem Team bewusst, dass es dem Zeitplan hinterherhinkt, und es wird auf einem hohen Leistungsniveau weitergearbeitet. In dieser Phase häufen sich Konflikte innerhalb des Teams. Das Leistungsniveau kann sich kurz vor Erreichen der Deadline oft noch einmal steigern, bis zum Ende der Aufgabe das Team aufgelöst wird.

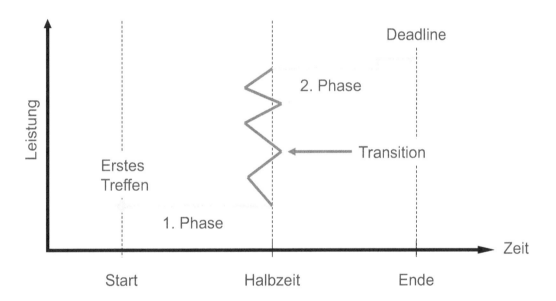

Abbildung 80: Modell temporärer Teams nach Gersick[75]

---

[75] Vgl. [16], Seite 25.

1.2.3 Gruppenphänomene

Der Projektleiter sollte die Problemseiten der Zusammenarbeit in Teams nicht aus den Augen verlieren und ggf. gegensteuern. Diese können sein:

Groupthink

Groupthink ist ein bestimmter Denkmodus von Menschen in einer Gruppe (Team, Workshop, Ausschuss). Beim Gruppendenken versucht die Gruppe, Konflikte nicht aufkommen zu lassen oder zu minimieren und einen Konsens zu erreichen. Jedoch, ohne Ideen angemessen kritisch zu bewerten, zu analysieren und zu testen. Individuelle Sichtweisen und die individuelle Kreativität gehen verloren, Querdenken ist unerwünscht. Dabei fühlen sich die Gruppenmitglieder der Gruppe sehr verbunden und vermeiden es von vornherein, in eine Konfliktsituation zu geraten. Die Harmonie der Gruppe wird als wichtiger empfunden als die realistische Einschätzung der Situation. Das Resultat kann dann sein, dass eine Gruppe von klugen Menschen dumme Entscheidungen trifft.

Sozial Loafing

Der Begriff soziales Faulenzen (engl.: Social Loafing) beschreibt ein Phänomen in einer Gruppe. Sobald Individuen in einer Gruppe mit anderen auf ein gemeinsames Ziel hinarbeiten und dabei ihre Einzelleistung nicht bekannt werden, reduziert sich ihre physiologische Anspannung. Diese Entspannung kann zu einem Leistungsabfall führen.

Risk Shifting

Studien zufolge verhalten sich Gruppen risikofreudiger, als wenn die Teammitglieder als Einzelpersonen agieren. Dabei scheint es zu einer „Abwälzungsmentalität" innerhalb der Gruppe zu kommen. Zusätzlich fallen Gruppenentscheidungen oft extremer aus als Einzelurteile.

In Projekten sollten daher wichtige Entscheidungen ausführlich diskutiert und begründet werden sowie eine Risikoeinschätzung vorgenommen werden.

1.3 Team-Rollenmodell nach Belbin

R.M. Belbin hat neun Teamrollen identifiziert, die in einem Team besetzt sein sollten. Die Stärken und Schwächen der verschiedenen Rollen können zum Projekterfolg beitragen. Die gezielte Ausnutzung der Stärken eines nach Rollen ausgeglichenen Teams erfordert jedoch die gegenseitige Kenntnis der Rollen der Teammitglieder. [76]

Rolle	Beschreibung
Handlungsorientierte Rollen	
Macher (Shaper)	Dynamisch, aufgeschlossen, angespannt, arbeitet gut unter Druck, hat den Antrieb und Mut, Probleme zu überwinden.
Umsetzer (Implementer)	Diszipliniert, verlässlich, konservativ, effizient, setzt Ideen in Aktionen um.
Perfektionist (Completer)	Sorgfältig, gewissenhaft, ängstlich, findet Fehler und Versäumnisse, hält Fristen und Zeitpläne ein.
Teamorientierte Rollen	
Koordinator (Co-Ordinator)	Selbstsicher, vertrauensvoll, guter Leiter, stellt Ziele dar, fördert die Entscheidungsfindung, gute Delegationsfähigkeiten.
Teamarbeiter (Teamworker)	Kooperativ, sanft, einfühlsam, diplomatisch, emphatisch, hört zu, baut Spannungen ab.
Wissensorientierte Rollen	
Erfinder (Plant)	Kreativ, fantasievoll, unorthodoxes Denken, ernst, gute Problemlösungsfähigkeiten.
Wegbereiter (Ressource Investigator)	Extrovertiert, enthusiastisch, kommunikativ, findet neue Optionen, entwickelt Kontakte, vermittelt.
Beobachter (Monitor Evaluator)	Nüchtern, strategisch, scharfsinnig, kritisch, berücksichtigt alle Optionen, gutes Urteilsvermögen, wägt pro und kontra ab.
Spezialist (Specialist)	Ist stolz auf den Expertenstatus, setzt Standards ein und durch.

Tabelle 42:Teamrollen nach Belbin

---

[76] Vgl. [4], Seite 317 ff.

1.4   Eigenschaften eines Projektleiters

Den perfekten Projektleiter wird es voraussichtlich nicht geben. Dennoch sollte ein Projektleiter folgende Eigenschaften mitbringen, um die Teambildung und den Projekterfolg zu unterstützen:

- kommunikativ, teamorientiert
- risikobewusst, nutzt Chancen
- Schnittstelle zwischen Auftraggeber und Projekt-Team
- aktives Managen von Aufgaben
- Überblick über das Projektgeschehen
- Antreiber, Motivator
- denkt als Unternehmer (Entrepreneurship)
- Aufmerksamkeit auf die „Schlüsselziele" gerichtet, zielorientiert
- problemlösungsorientiertes Denken und Handeln

Zusätzlich soll der Projektleiter die Personalentwicklung im Projekt begleiten. Die Aufgaben können hier sein:

- Weiterbildung bei projektspezifischen Besonderheiten (neue Technologie o. ä.)
- systematischer Aufbau von Know-how (Training on the Job)
- Aufbau oder Verbesserung der Fähigkeiten der Mitarbeiter
- Optimierung der Kommunikation
- Motivation

1.5   Projektbeispiel – Teambildung

Folgendes Fallbeispiel veranschaulicht den Teambildungsprozess im Projekt am Beispiel eines Softwareentwicklungsprojekts.

Durch die hoch spezialisierten Mitarbeiter, die ihre spezifischen Module eigenverantwortlich betreuen, sind Konflikte in der Abstimmungs- und Testphase wahrscheinlich. Insbesondere Softwareentwickler haben i. d. R. einen sehr ausgeprägten Hang zur Individualisierung und nur selten übergreifende Schnittstellenkenntnisse.

Die Projektmitglieder kennen sich überwiegend aus der täglichen Zusammenarbeit in der Linie. Dennoch müssen sich die Projektmitarbeiter im neuen Projektumfeld zuerst einmal wieder gegenseitig „finden".

Dies führte in der Anfangsphase zu latenten Spannungen bis hin zur offenen Eskalation durch einzelne Projektteilnehmer. Diese Phase der Teambildung wurde durch den Projektleiter durch Deeskalationsmaßnahmen begleitet. Hierzu wurden Einzel- und Gruppengespräche zur Förderung des gegenseitigen Verständnisses und zur Positionierung des Einzelnen innerhalb des Projektes durchgeführt.

Zur Unterstützung der Teamfindung wurden verschiedene Maßnahmen durchgeführt:

- gemeinsame Unternehmungen auch außerhalb des Projektalltages

  (Paddeltour, Bowling, Biergartenbesuch)

- regelmäßige Teammeetings

- Festlegen von Spielregeln zur Kommunikation und Konfliktbehebung

- Zielplan erstellen und gemeinsames Zielverständnis durch intensive Betreuung

  und Information

- klare Aufgaben und Zuständigkeiten vergeben, um Transparenz zu schaffen

2. KONFLIKTE UND KRISEN

| PM4: 4.4.7 Konflikte und Krisen

2.1 Definitionen

Konflikt

Eine allgemeingültige Definition des Konfliktbegriffes ist in der Literatur nicht zu finden. Selbst bei Glasl[77] und Schwarz[78] findet sich keine eindeutige Definition.

In der Psychologie werden Konflikte als „Gegensätzlichkeit oder Unvereinbarkeit zweier oder mehrerer Elemente" definiert. Hervorgerufen werden Sie meist durch „unterschiedliche Verhaltensweisen und Handlungen".[79]

Konflikte sind in der Projektarbeit allgegenwärtig und gehören zum Tagesgeschäft eines Projektleiters. Konflikte sind sowohl Risiko als auch Chance in einem Projekt. Werden Konflikte bewusst verarbeitet, ergeben sich aus ihnen Erfahrungen und darüber hinaus ggf. positive Potenziale für die weitere Arbeit.

Krise

Eine Krise ist ein Sonderfall des Konflikts. Gekennzeichnet ist eine Krise durch Verhärtung der Positionen und Ausweglosigkeit. Eine Krise kann in der Regel nur durch Machteinsatz aufgelöst werden.

Konfliktbehandlung

Alle im Projektteam auftretenden Konflikte sollen auch im Projektteam gelöst werden.

Im Konfliktfall suchen die Betroffenen gemeinsam nach einem Ausgleich. Sofern es den Konfliktbeteiligten nicht möglich ist, ihre Auseinandersetzung selbst zu lösen, wird ein Moderator eingeschaltet. Es ist die Aufgabe des Projektleiters, frühzeitig zu erkennen, wann und ob ggf. ein externer Moderator einzusetzen ist.

---

[77] Vgl. [26], Seite 13 ff.
[78] Vgl. [50], Seite 15 ff.
[79] Vgl. [15], Seite 150.

2.2   Konfliktarten

In Projekten treten verschiedene Konflikte auf. Oft anzutreffen sind folgende Konfliktarten:[80]

- Ziel- und Richtungskonflikte
  „Möglichst schnell und günstig fertig werden" vs. „alle Testfälle durchführen"
- Wahrnehmungs- und Beurteilungskonflikte
  „Das Projekt ist in Time, in Budget" vs. „viele Änderungen durch den Auftraggeber"
- Rollen- und Erwartungskonflikte
  „Die Mitarbeiter sollen selbstständig arbeiten" vs. „ich erwarte klare Anweisungen, was ich tun soll"
- Besitz- und Verteilungskonflikte
  „Ich brauche das Testlabor für die kommende Woche exklusiv" vs. „wir auch"
- Veränderungs- und Sicherheitskonflikte
  „Heute soll ich Fachkonzepte erstellen, morgen testen – was denn nun?"
- Beziehungs- und Statuskonflikte
  „Keiner sagt mir etwas!", „Ich bin hier der Projektleiter!"

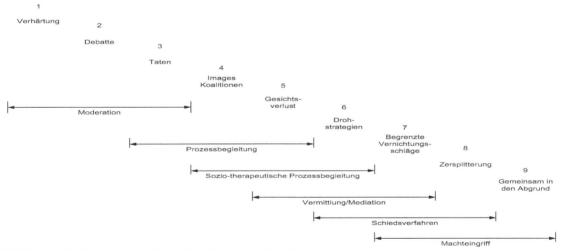

Abbildung 81: Phasenmodell der Konflikteskalation[81]

---

[80] Vgl. [53], Seite 18 ff.
[81] Vgl. [26], Seite 233 ff.

Glasl zeigt, wie sich Konflikte entwickeln können (siehe Abbildung 81: Phasenmodell der Konflikteskalation), wenn nicht früh genug und rechtzeitig insistiert wird, und welche Problemlösungsmöglichkeiten potenziell angewendet werden sollen/können. Hier zeigt sich, dass ein Konflikt bei einem zu späten Eingreifen nur noch durch Machteinsatz gelöst werden kann und damit den Projekterfolg in Frage stellt. „Projekte scheitern in der Regel nicht an der Technik, sondern an Menschen".[82]

2.3   Konfliktstile[83]

Bei jedem Konflikt muss entschieden werden, wie der Konflikt gelöst werden kann. Beachtet man dabei die Bedürfnisse Anderer und die eigenen Bedürfnisse, können folgende Grundmuster der Konfliktbegegnung in Konfliktstile eingeteilt werden:

Abbildung 82: Konfliktstile

---

[82] Tom DeMarco.
[83] Vgl. [54], Seite 210 ff.; [50], Seite 277; [25], Seite 1014.

Vermeiden / Flucht

Der Konflikt wird nicht gelöst, sondern es werden Vermeidungsstrategien entwickelt. Der Konflikt bleibt latent bestehen und kann wieder aufleben.

Durchsetzen / Vernichtung des Gegners

Ein Konflikt, der nicht durch Flucht gelöst werden kann, zwingt die Beteiligten zum Kampf.[84] Das Durchsetzen der eigenen Interessen findet oft durch Machteinsatz statt und beinhaltet die Gefahr von Folgekonflikten.

Nachgeben / Unterordnen

Auch hier wird der Konflikt nicht gelöst, sondern durch Unterordnung eines Beteiligten „scheinbar" gelöst. Auf Dauer wird diese Lösung nicht bestehen können und der Konflikt lebt wieder auf.

Kompromiss

Beim Kompromiss einigen sich die Parteien über eine Lösung, die von beiden, zumindest auf Sachebene, tragbar ist. Oft wird auch, beim Ausklammern wichtiger strittiger Themen, vom „faulen" Kompromiss gesprochen.

Konsens

Beim Konsens werden alle Anliegen der Beteiligten in die Lösung integriert, so dass eine WIN-WIN-Situation entsteht.

---

[84] Vgl. [53], Seite 281.

2.4   Kooperative Konfliktlösung

Eine bewährte Methode zur kooperativen Konfliktlösung bietet das Modell der Mediation, welches hier in seinen Grundzügen vorgestellt werden soll:[85] Unabdingbar ist bei der Mediation, dass alle Beteiligten die Mediation auch wollen.

Phase 1: Einstieg

Schaffung eines sicheren Rahmens (Verfahren klären, Vertraulichkeit, Rollen, Spielregeln, Abfragen von Erwartungen).

Phase 2: Ist-Analyse

Standpunkte aller Parteien ermitteln. Ziel ist es, eine transparente Darstellung des Sachverhaltes, des Problems und des Konfliktpotenzials zu erhalten. Zur Förderung des gegenseitigen Verständnisses sollte jede Partei den Standpunkt der anderen Seite erfahren: Was benötigt die andere Seite? Wie könnte eine Annäherung aussehen?

Phase 4: Lösungsansatz

Erarbeiten von Lösungsmöglichkeiten, bspw. in Kleingruppen. Die Ergebnisse werden im Plenum diskutiert, ein Lösungsweg festgelegt und schriftlich fixiert.

Phase 3: Erfolgssicherung

Umsetzen und Kontrolle der Wirksamkeit der Lösung.

---

[85] Vgl. [5], Seite 167 ff.

2.5 Gewaltfreie Kommunikation

Ein weiteres Konzept, um Konflikte zu entschärfen, beschreibt Marshall B. Rosenberg als „Gewaltfreie Kommunikation – GFK". Die Grundlage der GFK bilden die vier Komponenten:[86]

1. **Beobachtung**
   Welche Situation liegt vor – ohne Bewertung durch uns:
   Mitarbeiter kommt oft zu spät zum Meeting.
2. **Gefühle**
   Aussprechen, was WIR / ICH fühlen – sind wir irritiert, ängstlich, froh:
   „Paul, es ärgert mich, wenn du zu spät zu den Besprechungen kommst."
3. **Bedürfnisse**
   Formulieren, welche Bedürfnisse hinter den Gefühlen stehen:
   „Paul, es ärgert mich, wenn du zu spät zu den Besprechungen kommst, weil ich dann das Gesagte noch einmal wiederholen muss."
4. **Bitten**
   Eine Bitte zur Verhaltensanpassung formulieren:
   „Ich möchte, dass du pünktlich bist."

In der GFK werden keine Vorwürfe, sondern Gefühle und Erwartungen geäußert, ohne den Anderen zu verletzen.

2.6 Projektbeispiel – Konflikte

Spielregeln

Mit dem Projektteam werden folgende Spielregeln zum Umgang mit Konflikten verbindlich vereinbart:

1. Konflikte werden offen und ohne den Anderen persönlich anzugreifen ausgetragen.
2. Aussagen werden so getroffen, dass kein Mitarbeiter in seiner Persönlichkeit herabgewürdigt wird.
3. Probleme, fachliche und personelle, werden offen angesprochen.
4. Der Projektleiter ermutigt / fordert die Mitarbeiter zum permanenten Feedback und Nachfragen auf.

---

[86] Vgl. [47], Seite 25 f. und [48], Seite 34 ff.

3. VIELSEITIGKEIT

PM4: 4.4.8 Vielseitigkeit

3.1 Problemlösung

3.1.1 Definition

Der Duden definiert das Wort Problem als eine:[87]

„schwierige [ungelöste] Aufgabe, schwer zu beantwortende Frage, komplizierte Fragestellung"

3.1.2 Problemarten[88]

In Projekten treten verschiedenste Probleme auf. Diese können beispielsweise nach dem Problemgegenstand unterschieden werden. Mögliche Problemarten im Projektverlauf, mit jeweils einem Beispiel:

- Methodenprobleme
  Das Wasserfallmodell eignet sich nicht für die Problemstellung, der Einsatz von Scrum wäre sinnvoller.
- Erkenntnisproblem
  Ein Problem wird nicht erkannt, ignoriert oder falsch bewertet.
- Organisationsprobleme
  Interne Prozesse sind nicht ausreichend schnell oder geeignet.
- Sachprobleme
  Eine Zulieferung kommt zu spät, so dass ein vorgegebener Termin nicht eingehalten werden kann.
- Handlungsprobleme
  Eine Entscheidung führt zu nachhaltigen Fehlern.
- Entscheidungsprobleme
  Der Projektleiter entscheidet auch nach langer Diskussion nicht, da er „noch weitere Fakten" benötigt.

---

[87] Vgl. [18].
[88] Vgl. [25], Seite 262 ff.

172

- Personalproblem
  Die Qualifikation eines Mitarbeiters reicht für die Aufgabe nicht aus.
- Verhaltensprobleme
  Ein Mitarbeiter kommt oft zu spät, lässt andere nicht ausreden.
- Teamproblem
  Zwei Teammitglieder können sich nicht leiden und arbeiten gegeneinander.

3.1.3   Problemlösungsprozess

Zur Lösung von Problemen kann folgender Lösungsprozess durchlaufen werden. Zur Unterstützung der Problemlösung sind alle Methoden des Qualitätsmanagements anwendbar.

Die Rollen in den Problemlösungsprozessen sind dabei folgendermaßen festgelegt:

- Problemeigner / Probleminhaber
- Moderator
- Problemlösungsgruppe

Abbildung 83: Problemlösungsprozess[89]

Auslöser: Problem

Ein Problem liegt dann vor, wenn von allen Beteiligten akzeptiert wird, dass es überhaupt ein Problem gibt.

---

[89] Angelehnt an [25], Seite 277 ff.

Klärungsphase

Ziele festlegen: Ziel und Bedingungen zum Vorgehen müssen festgelegt werden: Teilnehmer am Prozess, Abbruchkriterien, Invest (Zeit und Geld).

Ist-Analyse: Analyse der gesamten Komponenten der Ist-Situation, die Einfluss auf die Problemlösung haben.

Problem beschreiben: Möglichst neutrale Beschreibung des Problems, ggf. aus unterschiedlichen Sichtweisen.

Ursachen beschreiben: Herausarbeiten der vermutlichen Problemauslöser. Probleme haben oft andere Ursachen als zunächst angenommen.

Lösungsphase

Lösungen erarbeiten: Bei der Lösungserarbeitung ist Kreativität gefragt, es sollten alle möglichen Lösungsvarianten ermittelt werden.

Lösungen bewerten: Die Bewertung der Lösungen kann bspw. durch einen paarweisen Vergleich oder eine Nutzwertanalyse vorgenommen werden, um eine möglichst belastbare Aussage zum Nutzen zu bekommen.

Lösung auswählen: Aus den gefundenen Lösungsvarianten ist die erfolgversprechendste auszuwählen.

Umsetzungsphase

Aktionsplan erstellen: Einplanung der Lösung im Projektverlauf.

Umsetzung der Lösung

Soll- / Ist-Vergleich: Zu gegebener Zeit ist zu prüfen, ob die gewählte Variante den gewünschten Effekt hatte. Ggf. sind weitere Maßnahmen zur Steuerung zu ergreifen.

Erfahrungssicherung

Ist der Problemlösungs-Prozess abgeschlossen, sollte eine Analyse der Durchführung vorgenommen werden, damit die Erfahrung für eine Optimierung der Lösungskompetenz verwendet werden kann.

3.2 Kreativität

Die Anwendung von Kreativitätstechniken kann bei der Lösung von Problemen und Aufgabenstellungen in vielen Bereichen der Projektarbeit helfen. Dargestellt werden in diesem Kapitel gängige, praxistaugliche Kreativitätstechniken. In der Projektarbeit werden Kreativitätstechniken vorzugsweise zur Lösung von Problemen verwendet.

3.2.1 Definition

Unter Kreativität werden die Erzeugung und Auswahl neuer, wertvoller Informationen verstanden.[90]

Eine andere Definition besagt: Kreativität ist die menschliche Eigenschaft, neue Lösungen für bereits bekannte oder neue Aufgabenstellungen zu erzeugen.[91]

3.2.2 Kreativitätstechniken

Jeder Kreativitätsprozess läuft, unabhängig von der eingesetzten Methode, in folgenden Phasen ab:

1. Ausgangssituation: eine latente Unzufriedenheit ist vorhanden
2. Problembenennung
3. Kreativitätsworkshop
4. Ideenfindung
5. Lösungsdefinition
6. Umsetzung

Wichtig bei der Anwendung von Kreativitätstechniken ist die Einhaltung von drei goldenen Regeln,[92] sonst kann der Kreativitätsprozess nicht „zünden":

1. Keine Kritik
2. Keine Hierarchie
3. Quantität vor Qualität

---

[90] Vgl. [36], Seite 1.
[91] Vgl. [6], Seite 7.
[92] Vgl. [3], Seite 3.

3.2.2.1 Brainstorming / Anonymes Brainstorming

Leicht einzusetzende Technik für einen Einstieg in einen Lösungsansatz. Zur Ideensammlung, Spontanabfragen etc.

1. Einführung – Erklärung der Methode (optional), Vorstellung des Themas, Zentralaussage des Themas visualisieren (Karten, Flipchart, Software ...)

2. Ideensammlung – Alle Teilnehmer äußern spontan ihre Einfälle zum Thema, alle Beiträge werden gesammelt.

3. Auswertung, Sichten und Strukturieren der Beiträge, Diskussion und Auswahl der Ergebnisse.

3.2.2.2 Brainwriting – Methode 6-3-5

6 Personen, 3 Ideen, 5 Minuten

Besonders für konkrete Probleme geeignet. Es werden schnell Ideen zur Lösung generiert.

1. Der Moderator stellt das Thema vor. Jeder Teilnehmer erhält ein Blatt mit einer nicht ausgefüllten Tabelle, die aus drei Spalten und sechs Zeilen besteht.

2. Jeder Teilnehmer schreibt zum Thema drei Ideen in den Spalten auf und reicht sein Blatt an den Nachbarn weiter. Dieser liest sich die Ideen seines Vorgängers durch und trägt seine Einfälle in einer der sechs Zeilen ein. Dieser Vorgang wird fortgesetzt, bis alle Zeilen gefüllt sind.

3. Alle Ideen werden den Teilnehmern vorgestellt und eine Auswahl getroffen.

Idee 1	Idee 2	Idee 3
...	...	...

3.2.2.3 Brainwriting Pool

Eine Abwandlung des Brainstormings in schriftlicher Form.

Der Moderator stellt das Thema vor. Alle Teilnehmer erhalten mehrere Blätter oder Moderationskarten, auf die sie ihre Gedanken zum Thema aufschreiben.

Fällt einem Teilnehmer nichts mehr ein, legt er seine Notizen in die Mitte auf den Tisch (Brainwriting Pool) und nimmt sich ein Blatt aus der Mitte, liest die Notizen und schreibt ggf. weitere eigene Notizen auf ein neues Blatt. Dieser Vorgang kann beliebig fortgeführt werden. Am Ende, wenn alle Teilnehmer keine neuen Ideen mehr einbringen, werden gemeinsam die besten Ideen herausgefiltert.

3.2.2.4 Flip-Flop-Technik / Kopfstandtechnik

Menschen neigen dazu, alles negativ zu sehen, dies nutzt die Flip-Flop-Technik aus.

1. Präsentation der Aufgabenstellung und Problemdefinition (z. B. Kundenschwund). Ableitung der Umkehrung, bspw. „Wie können wir verhindern, dass mehr Kunden kommen?"

2. Ideen sammeln: Die Teilnehmer rufen dem Moderator ihre Ideen zu, der Moderator notiert die Einfälle auf Karten oder Flipchart (z. B. Öffnungszeiten drastisch verkürzen).

3. Clustern und ausfiltern ungeeigneter Ideen. Selbstkritische Reflexion der Ergebnisse (Haben wir falsche oder zu kurze Öffnungszeiten?).

4. Ableiten von Strategien aus den Ideen (z. B. Öffnungszeiten bis 22:00h verlängern).

3.2.2.5 Kartentechnik

Die Teilnehmer schreiben ihre Ideen auf Karteikarten und hängen sie sichtbar auf (z. B. auf eine Metaplanwand):

1. Vorbereitung von Karten, Metaplanwänden etc., ggf. farbige Karten zur inhaltlichen Abgrenzung.

2. Problemanalyse – Erörterung des Themas – Visualisierung des Problems

3. Ideensammlung – Jeder Teilnehmer schreibt seine Ideen zum Thema auf Karten.

4. Auswertung – Der Moderator nimmt die Karten, liest sie vor und hängt sie an die Stellwände, ggf. bereits thematisch / farblich sortiert (Cluster).

3.2.2.6 6 Hüte-Methode

Dr. Edward de Bono hat versucht einzelne Perspektiven klar voneinander abzugrenzen und sie mit den Symbolen sechs verschiedenfarbiger Hüte gekennzeichnet:[93]

Der gelbe Hut

Die Dinge allein von ihrer positiven Seite sehen. Suchen Sie nach den Vorteilen. Bemühen Sie sich, die Idee zu unterstützen.

Der schwarze Hut

Steht für den Richter in Robe, den Kritiker, den Skeptiker. Welche Risiken und Schwierigkeiten können mit dem Vorschlag verbunden sein? Gibt es gesetzliche Bestimmungen, die der Umsetzung entgegenstehen? Wo sind die Schwächen des Konzeptes? Vergessen Sie nicht: Die schonungslose Betrachtung Ihres Problems steht im Vordergrund, nicht die Rücksichtnahme auf den Kollegen.

Der weiße Hut

Der Träger des weißen Hutes versucht, die Dinge sachlich und objektiv zu sehen. Sammeln Sie alle Fakten und Zahlen zur Problemstellung / zum Vorschlag.

Der rote Hut

Rot steht für Feuer und Wärme und soll die emotionale Seite symbolisieren.

Der grüne Hut

Üppiges Wachstum wie in der Natur und so sollen auch unter dem grünen Hut Ihre kreativen Gedanken sprießen.

Der blaue Hut

Der blaue Hut steht immer am Ende. Alle Punkte werden im Zusammenhang betrachtet.

Zu jedem Hut sollten Sie sich fünf bis zehn Minuten Zeit geben. Der Moderator legt die Reihenfolge der Hüte fest, in der sie nacheinander und gemeinsam in der Gruppe bearbeitet werden. Nacheinander werden die sechs Hüte „aufgesetzt" und die Einfälle dokumentiert. Nach dem blauen Hut beginnt der Ausleseprozess der besten Ideen.

---

[93] Vgl. [11], Seite 73 ff.

3.2.2.7 Mind-Mapping

Eine MindMap entsteht, wenn Ideen und Fakten nicht linear, sondern in grafischer Form festgehalten werden.

1. Thema definieren

2. Schlüsselwörter sammeln

3. Ausarbeitung

In die Mitte eines Plakates wird das Thema oder die Frage geschrieben. Die Teilnehmer nennen 2 oder 3 Hauptaspekte, die der Moderator auf dicke Äste schreibt.

In beliebiger Reihenfolge nennen die Teilnehmer weitere Hauptaspekte oder Einzelpunkte und sagen, welchem Ast ein weiterer Zweig zugefügt werden soll.

Anschließend können zusammenhängende Punkte durch Pfeile oder Linien verdeutlicht werden.

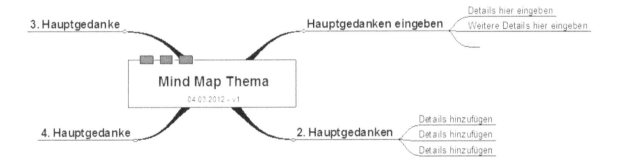

3.2.2.8 Morphologischer Kasten / Zwicky-Kasten

Der morphologische Kasten geht auf Professor Fritz Zwicky von der Technischen Universität in Kalifornien zurück.

Die Methode beschreibt die wichtigsten Parameter eines Produktes, einer Tätigkeit oder einer Leistung und ordnet sie in einem Koordinatensystem an, um die Beziehungen der einzelnen Variablen systematisch untersuchen zu können.

So entstehen in kurzer Zeit eine Reihe von Ideen mithilfe einer Matrix. Dieser morphologische Kasten ist die einfachste Form einer morphologischen Analyse.

Die beschreibenden Parameter eines Problems werden auf einer Achse erfasst. Die Varianten dieser Parameter werden auf der anderen Achse der Tabelle beschrieben. Aus der Kombination jeder Variablen in jeder Kolonne mit jeder anderen entsteht eine große Anzahl unterschiedlicher Lösungsmöglichkeiten.

1. Darstellung der Problemstellung
2. Festlegen der wichtigsten Parameter
3. Auflisten der wesentlichen Variablen
4. Konstruktion einer Matrix mit den Parametern als Koordinaten
5. Erfassung der Varianten in die Matrix
6. Kombination und Untersuchung jeder Reihe auf neue mögliche Lösungen, die als brauchbar erscheinen.

Beispiel: Neuentwicklung eines Mobiltelefons

Parameter: Material, Form, Bedienteil

Material	Form	Bedienteil
Glas	Eckig	Tastatur
Metall	Rund	Keine
Stein	Kugel	Stick
Holz		Sprache
...	...	...

3.2.2.9 Walt Disney Methode

Die Walt Disney Methode basiert auf dem Zusammenspiel von drei verschiedenen „Rollen": der Träumer, der Realist, der Kritiker.

Idealerweise sollten für die Rollen eigene Umgebungen (Räume) geschaffen werden, die die Rolle unterstützen. Auch ist es möglich, einen Raum in verschiedene Sektoren einzuteilen und entsprechend zu dekorieren.

Die Methode wurde von Walt Disney erfunden und vom ihm auch erfolgreich bei der Entwicklung von neuen Geschäftsideen verwendet.

3.2.3 Kreativitätsblockaden

Die vorgestellten Kreativitätstechniken können helfen, evtl. Kreativitätsblockaden, die häufig mit einer Teamdynamik einhergehen, zu lösen, um so zu guten Ergebnissen zu kommen. Kreativitätsblockaden sind u. a.:[94]

- Sprechblockade
- Groupthink
- umweltbedingte Blockaden
- intrinsische / extrinsische Blockaden
- Denkverbote
- Wahrnehmungsblockaden

---

[94] [11], Seite 23 ff.

3.3 Moderationstechniken

An den Moderator einer Sitzung werden diverse Anforderungen gestellt: Einleitende Worte vorbringen, Leitung der Sitzung, Anregen der Diskussion, Zusammenfassen, Zeitrahmen beachten, Thema nicht aus den Augen verlieren, um nur einige zu nennen. Im Folgenden werden einige Moderationstechniken erläutert, die einem Moderator bei der Durchführung helfen.

3.3.1 Kartenabfragen

Diese Moderationstechnik wird angewandt, um die Meinung oder Anforderungen an ein Thema abzufragen. Zunächst wird die Frage visualisiert. Die Teilnehmer erhalten Moderationskarten und Stifte, um die zum Thema passenden Antworten zu notieren. Die Karten werden an eine Moderationswand geheftet und zu gegebener Zeit wiederverwendet. Einsatz: Stimmungsabfrage, Erwartungen an ein Seminar, welche Themen sind für Sie am wichtigsten etc.; siehe auch 3.2.2.5 Kartentechnik.

3.3.2 Thesen

Die Moderation startet mit einer oder mehreren, auch widersprüchlichen, Thesen. Aus den Thesen werden im zweiten Schritt strukturierende Fragen abgeleitet. Die Thesen umschreiben das Thema und Ziele, soll neugierig machen und die Teilnehmer zur Mitarbeit motivieren.

3.3.3 Gewichtungen

Kommen viele verschiedene Gesichtspunkte oder Themen zusammen, muss u. U. entschieden werden, in welcher Reihenfolge sie behandelt werden sollen. Als Hilfsmittel können bspw. die Themen am Flipchart oder der Metaplanwand visualisiert werden und mithilfe von Klebepunkten durch die Teilnehmer gewichtet werden.

3.3.4 Clustern

Um nach einem Brainstorming die Themen zu ordnen, werden an einer Pinnwand die Karten thematisch umgeordnet, dies wird „Clustern" genannt. Die Gruppen können mit Überschriften versehen und mit weiteren Ideen ergänzt werden. Vorgehen:

1. Ideen sammeln
2. Ergebnisse ordnen
3. Überschriften hinzufügen

3.3.5   Visuelle Darstellungen

Ablauf und Reihenfolge

Wir lesen von links nach rechts und von oben nach unten. Diese Leserichtung sollte eingehalten werden. Ausnahme: Symbole z. B. Pfeile: Pfeile haben eine besondere Aussagekraft von oben links nach unten rechts: Abstieg; von unten links nach oben rechts: Aufstieg. Diese Symbolik sollte unbedingt beachtet werden.

Gleiche Dinge (Aussagen) mit gleichen Formen verbinden

Wenn Sie Überschriften mit ovalen Symbolen versehen und die nachfolgenden Stichpunkte mit rechteckigen Symbolen, ergibt sich eine eindeutige Zuordnung und Unterscheidung der einzelnen Gruppen. Gleichzeitig erreichen Sie mit der Berücksichtigung dieses Kriteriums eine saubere und übersichtliche Struktur der Visualisierung.

Verwendung von Farben

Maximal sieben Farben verwenden. Farben sollten zur Unterscheidung der Inhalte eingesetzt werden. In der Visualisierung sind Schwarz (als Schriftfarbe) und Weiß (als Hintergrundfarbe) schon zwei verwendete Farben. Verwendet werden sollten starke und kontrastreiche Farben wie Schwarz, Blau, Grün, Rot. Kontrastschwache Farben sollten vermieden werden.

Symbolgehalt und Signalwirkung von Farbe

Farben sind Träger von Symbolen und Signalen. Beachten Sie bei der Verwendung von Farben in Ihrer Visualisierung, welchen Gehalt Sie ansprechen wollen und welcher Gehalt tatsächlich zum Ausdruck kommt. Wenn eindeutig ist, was mit der Verwendung der Farbe zum Ausdruck gebracht werden soll, gibt es während der Präsentation keine Verwirrungen.

Blau auf Blau

Bei der Arbeit mit Metaplankarten sollte man darauf achten, dass auf blauen Karten nicht mit blauen Stiften geschrieben wird. Besser ist schwarz als Schreibfarbe.

Cluster oder Strukturierung

Cluster oder Strukturen in der Visualisierung können auf zweierlei Arten gebildet werden: Strukturierung nach gleichen Farben oder nach gemeinsamen Elementen (Kreise, Rechtecke, Quadrate).

4. PERSÖNLICHE KOMMUNIKATION

| PM4: 4.4.3 Persönliche Kommunikation

Erfolgreiche Projektarbeit basiert auf dem Austausch relevanter Informationen zur Erfüllung der im Projektauftrag definierten (Kunden)-Anforderungen und ist damit im hohen Maß kommunikationsabhängig.[95]

Kommunikation kann sowohl verbal (Sprache, Schrift) als auch nonverbal (Gestik, Mimik) vorkommen.

4.1 Definition

Kommunikation: Lateinisch *communicare* bedeutet „teilen, mitteilen, teilnehmen lassen; gemeinsam machen, vereinigen" (Quelle: Duden Fremdwörterbuch). Verständigung untereinander, zwischenmenschlicher Verkehr, insbesondere mithilfe von Sprache und Zeichen.[96]

4.2 Kommunikationsmodelle

4.2.1 Axiome der Kommunikation

Paul Watzlawick und seine Kollegen Janet H. Beavin und Don D. Jackson haben 5 Axiome (Grundsätze), der Kommunikation formuliert. Er möchte damit zeigen, wie eng unsere sprachliche Kommunikation mit Beziehungen und Emotionen verbunden ist.[97]

1. Axiom: Die Unmöglichkeit, nicht zu kommunizieren

Man kann nicht nicht kommunizieren.

Kommunikation sind nicht nur Worte, sondern auch das Verhalten jeder Art wie: Tonfall, Sprechgeschwindigkeit, Pausen, Lachen, Körperhaltung, Körpersprache usw.

Jedes Verhalten sendet eine Botschaft an die Umgebung. Dies gilt auch dann, wenn Kommunikation nicht bewusst oder absichtlich zustande kommt. Bspw. wenn ein Mensch im Zug auf den Boden starrt und nicht spricht, vermittelt er eine Botschaft: Er

---

[95] Vgl. [59], Seite 70.
[96] Vgl. [18].
[97] Vgl. [68].

gibt seiner Umwelt zu verstehen, dass er kein Interesse hat, mit jemandem in Kontakt zu treten.

2. Axiom: Inhalts- und Beziehungsaspekte der Kommunikation

Jede Kommunikation hat einen Inhalts- und einen Beziehungsaspekt

Der Inhalt jeder Mitteilung ist in erster Linie eine Information. Zusätzlich enthält sie einen Hinweis darauf, wie ihr Sender die Beziehung zwischen sich und dem Empfänger sieht, und ist in diesem Sinne seine persönliche Stellungnahme zum anderen.

3. Axiom: Interpunktion von Ereignisfolgen

Die Natur einer Beziehung ist durch die Interpunktion der Kommunikationsabläufe seitens der Partner bedingt.

Kommunikation basiert auf einem Wechselspiel von Aktion und Reaktion. Dieser Umstand führt zu einer Folge von Kommunikation und erscheint dem unvoreingenommenen Beobachter als ein ununterbrochener Austausch von Mitteilungen. Jeder Teilnehmer an dieser Interaktion muss ihr jedoch unvermeidlich eine Struktur zugrunde legen, um die Nachricht zu interpretieren.

Die Interpunktion von Ereignissen nun ist dadurch geprägt, dass aktiv ein eigenes Bild der Wirklichkeit geschaffen wird, die es so aber nie gegeben hat (subjektive Wahrnehmung der Realität). Beispiel: Ein Partner zieht sich zurück, daraufhin nörgelt der andere Partner aufgrund seines Verhaltens, dieser wiederum zieht sich daher erneut zurück usw. Jeder sieht sein Verhalten nur als die Reaktion auf das jeweils andere Verhalten des Partners.

Dieses Axiom wird auch „kreisförmige Kommunikation" oder „Teufelskreis der Kommunikation" genannt. Hieraus können schnell Konflikte entstehen.

4. Axiom: Digitale und analoge Kommunikation

Menschliche Kommunikation bedient sich digitaler und analoger Modalitäten.

Objekte können auf zwei verschiedene Arten zum Gegenstand von Kommunikation werden. Sie lassen sich entweder durch Analogie (z. B. eine Grafik) oder durch einen Namen darstellen. Digitale Kommunikation vermittelt oft den Inhaltsaspekt, wogegen analoge Kommunikation auch nonverbal (Gestik, Mimik) erfolgt.

5. Axiom: Symmetrische und komplementäre Interaktionen

Zwischenmenschliche Kommunikationsabläufe sind entweder symmetrisch oder komplementär strukturiert.

Bei den Begriffen symmetrisch und komplementär geht es um Beziehungen, die auf Gleichheit beruhen, also symmetrisch, oder um solche, die unterschiedlich, also komplementär sind.

Im ersten Fall ist das Verhalten der beiden Partner quasi spiegelbildlich und ihre Interaktion daher symmetrisch. Die Partner können in ihrem Verhalten ebenbürtig sein. Im zweiten Fall ergänzt das Verhalten des einen Partners das des anderen.

4.2.2   Eisbergmodell

Das Eisberg-Modell geht auf Sigmund Freud zurück und ist Teil seiner allgemeinen Theorie der Persönlichkeit.

Wie ein Eisberg ist demnach das menschliche Bewusstsein nur zu ca. 20 % sichtbar, die anderen 80 % liegen „unter Wasser", haben jedoch einen großen Einfluss auf unsere Entscheidungen.

Abbildung 84: Eisbergmodell, angelehnt an S. Freud

„Unter Wasser" liegt demnach die emotionale Ebene. Sichtbar ist nur die Sachebene. Da die Emotionen starken Einfluss auf die Sachentscheidungen haben, ist die Kenntnis dieses Sachverhalts u. a. im Sender-Empfänger-Modell dargestellt.

4.2.3 Sender-Empfänger-Modell

Kommunikation zwischen Menschen ist komplex und anfällig für Störungen. Ein Versuch der Erklärung ist das Sender-Empfänger-Modell. Der Sender einer Nachricht codiert diese, der Empfänger muss die Nachricht wieder decodieren („die Nachricht entsteht beim Empfänger").

Das sogenannte Vier-Ohren-Modell von Schulz von Thun teilt den Informationsgehalt einer Nachricht in vier Anteile auf.[98]

1. Der *Sachinhalt* beinhaltet die reinen, eindeutigen Sachaussagen, Daten und Fakten.
2. Der *Appell* beinhaltet eine Handlungsaufforderung.
3. Die *Beziehung* drückt das Verhältnis zwischen Sender und Empfänger aus. Dies kann bewusst oder unbewusst geschehen.
4. In der *Selbstoffenbarung* vermittelt der Sprecher etwas über sein grundlegendes Selbstverständnis, seine Motive, Werte, Emotionen etc.

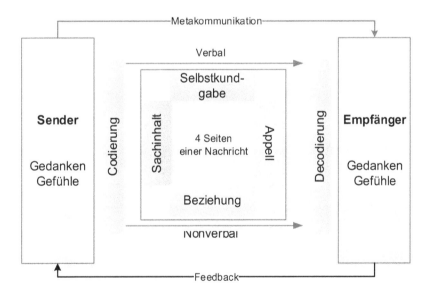

Abbildung 85: Sender-Empfänger-Modell

---

[98] Vgl. [35], Seite 31 ff.

Bei der Kommunikation, insbesondere bei der Decodierung, treten oftmals Kommunikationsstörungen auf. Konrad Lorenz formuliert so:[99]

- „Gedacht" ist nicht gesagt
- „Gesagt" ist nicht gehört
- „Gehört" ist nicht verstanden
- „Verstanden" ist nicht einverstanden
- „Einverstanden" ist nicht gekonnt
- „Gekonnt" ist nicht getan
- „Getan" ist nicht behalten
- „Behalten" ist nicht beibehalten

4.2.4 Johari-Fenster

Eine wichtige Form von Kommunikation ist das Feedback. Der Empfänger öffnet sich dem Feedback des Senders.[100] Das Johari-Fenster, benannt nach Joe Luft und Harry Ingham[101], zeigt die Wirkung von Feedback. Ziel von Feedback ist es demnach, seinen persönlichen blinden Fleck zu verkleinern.

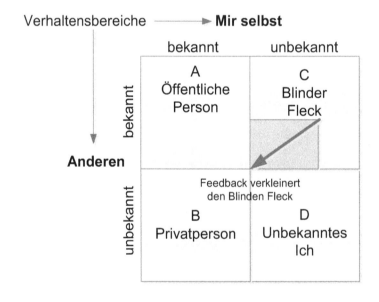

---

[99] In Anl. an Konrad Lorenz (1903–89), österreichischer Verhaltensforscher.
[100] Vgl. [20], Seite 16
[101] Vgl. [35], Seite 28 ff.

Abbildung 86: Johari-Fenster

Öffentliche Person

In diesem Bereich ist mir selbst und Anderen alles bekannt: Mitglied in einem Sportverein.

Privatperson

Dieser Bereich ist f nur mir selbst bekannt, Anderen kann ich durch Mitteilung diesen Bereich zugänglich machen: Vorlieben zu Urlaubszielen.

Blinder Fleck

Mir selbst nicht bekannt, jedoch Anderen bekannt. Hier setzt das Feedback an: Wiederkehrende Phrasen „meine Meinung".

Unbekanntes Ich

Mir selbst und Anderen unbekannt – Unbewusstes: „Jekill & Hyde"-Prinzip.

4.2.5 Feedback[102]

Feedback soll anderen etwas darüber sagen, wie ich sie sehe, bzw. dient dazu zu lernen, wie andere mich sehen. Feedback besteht daher aus zwei Komponenten, nämlich dem Feedback-Geben und dem Feedback-Nehmen.

Feedback sollte jedoch nur unter Beachtung der folgenden Regeln gegeben und genommen werden, hierdurch wird die Wirkung und Akzeptanz erhöht:

- beschreibend, nicht bewertend
- Ich-Botschaften verwenden (wie wirken die Beobachtungen auf mich!)
- konkret, nicht allgemein
- erbeten bzw. erwünscht
- klar und genau formuliert
- rechtzeitig
- angemessen
- nachprüfbar
- keine Wertungen, keine Verhaltensregeln geben

---

[102] Vgl. [35], Seite 87 f.

Der Feedbacknehmer sollte nicht argumentieren oder sich rechtfertigen, sondern lediglich zuhören und ggf. nachfragen. Andernfalls ist die Gefahr groß, dass der Feedbackgeber sich zurückzieht, da er sich in einer Rechtfertigungsposition wiederfindet.

Die einzige Antwort auf ein Feedback lautet daher: „DANKE".

4.2.6 Aktives Zuhören

Das Konzept des aktiven Zuhörens eignet sich dazu, seine Wertschätzung auszudrücken und um Missverständnissen vorzubeugen. Hierbei muss man sich auf das Gegenüber einlassen, konzentrieren und dies durch die eigene Körperhaltung ausdrücken. Die eigene Meinung sollte zurückgestellt werden, jedoch bei Unklarheiten nachgefragt werden.

Der Sprecher sollte nicht unterbrochen und zur Bestätigung, dass man das Gesagte richtig verstanden hat, sollte dies kurz mit eigenen Worten zusammengefasst werden.

Ziele:

- Verminderung von Missverständnissen
- Verbesserung zwischenmenschlicher Beziehungen
- Verbesserung von Problemlösungen
- Lernen durch Feedback

4.2.7 Paraphrasieren

Im Gegensatz zum aktiven Zuhören wird beim Paraphrasieren das Wesentliche möglichst sachlich, d. h. auf der Sachebene wiederholt.

4.2.8   Fragetechniken

Im Projektverlauf entstehen viele Situationen, in denen Fragen zur Klärung oder Gewinnung von Informationen gestellt werden müssen. Hier werden einige der wichtigsten Fragetechniken skizziert.

Offene und geschlossenen Fragen

Generell wird unterschieden zwischen offenen und geschlossenen Fragen. Geschlossene Fragen sind zur Aufrechterhaltung eines Gesprächsflusses denkbar ungeeignet, da hier die Frage nur mit ‚Ja' oder ‚Nein' beantwortet werden kann. Im Gegensatz hierzu wird bei offenen Fragen der Gesprächspartner aufgefordert eine inhaltliche Erwiderung zu formulieren.

Beispiel: „Waren Sie zufrieden mit dem Essen?" vs. „Was hat Ihnen am Essen am besten gefallen und was weniger?"

Zirkuläre Fragen

Werden verwendet, um die Meinung eines Gesprächspartners über die Meinung oder Gefühle eines Dritten einzuholen. Bspw.: „Was glauben Sie, denken unsere Mitbewerber über unser Unternehmen?"

Suggestivfragen

Sie geben dem Gesprächspartner wenig Raum für eine Antwort oder beeinflussen bereits die Antwort: „Dies ist doch sicher auch für Sie die beste Lösung?"

Rhetorische Fragen

Hierbei gibt der Frager sich selbst die Antwort auf die Frage: „Wenn Sie sich jetzt fragen …, kann ich Ihnen Folgendes dazu mitteilen …"

Alternativfragen

Bei Alternativfragen schränkt der Gesprächspartner die Antwort bereits innerhalb der Frage auf zwei Antworten ein.

Weitere Fragearten sind: Gegenfrage, Kontaktfrage, Einwandfrage, Provozierende Frage usw.

4.3 Besprechungen / Meetings

Besprechungen gehören im Projekt zum Alltag. Sie sind notwendig, kosten aber viel Zeit.

Wichtig für eine effiziente Besprechung ist jedoch eine gute Planung und Durchführung:

Vorbereitung

- Agenda erstellen und ggf. abstimmen. Dabei ist auf die Themenwahl zu achten, damit auch zielgerichtet die Teilnehmer eingeladen werden können. Nichts ist schlimmer, als wenn sich zwei Teilnehmer einbringen können und der Rest unbeteiligte Zuhörer sind.
- Teilnehmer auswählen und Einladungen versenden. Hier ist vorab zu prüfen, ob die gewünschten Teilnehmer auch verfügbar sind bzw. einen Vertreter stellen können.
- Raum buchen, Materialien und Catering bestellen.

Durchführung

- pünktlich beginnen
- Begrüßung und, wenn notwendig, Vorstellung der Teilnehmer
- Vorstellung der Agenda
- Ziel des Meetings erläutern
- Regeln vereinbaren wie: Pausen, Mobiltelefon ein/aus/lautlos, Laptop-Verwendung, Protokollerstellung etc.
- Führung durch die Agenda durch den Moderator
- Protokollierung der besprochenen Punkte und festhalten von getroffenen Beschlüssen
- Schließen der Sitzung, ggf. weiteres Vorgehen darstellen oder Folgetermine vereinbaren
- pünktlich beenden

Nachbereitung

- Protokoll erstellen und verteilen
- offene Punkte klären

Verhalten im Meeting

In einem Meeting sollten als grundlegendes Verhalten von den Teilnehmern folgende Punkte beachtet werden und vom Moderator, wenn notwendig, auch eingefordert werden:

1. zuhören – ausreden lassen
2. eigenen Beitrag straffen
3. beim Thema bleiben
4. nur sachdienliche Beiträge vorbringen
5. bei Kontroversen die Form wahren (diskutieren, nicht streiten)

4.4   Virtuelle Teams

Das Führen von räumlich verteilten Teams ist im Vergleich komplexer und anspruchsvoller als der von stationären Teams, die an einem Ort tätig sind.

4.4.1   Vorteile und Nachteile

Die Arbeit in virtuellen Teams hat sowohl Vor- als auch Nachteile.

Vorteile

- Flexibilität
  Kurzfristiges Bilden, Erweitern oder auch wieder Auflösen.
- Zugriff auf Wissen und Ressourcen
  Schneller Zugriff auf Fachexperten.
- Globale Präsenz / Arbeiten in unterschiedlichen Zeitzonen
- Erhöhte Effektivität und Produktivität.
- Kostenersparnis
  Weniger Reisekosten und Organisationsaufwand, um die Teammitglieder an einem Ort zu konzentrieren.

Nachteile

- Eingeschränkte bzw. schwierige Kommunikation

  Dies kann zu Reibungsverlusten führen: Virtuelle Teams kommunizieren über unterschiedliche elektronische Kommunikationsmedien wie E-Mail, Videokonferenz, Chat und Telefon. Insbesondere leidet die nonverbale Kommunikation, die nur begrenzt wahrgenommen werden kann. Dies erhöht die Gefahr für Missverständnisse, die zudem in internationalen Teams wächst, wenn ein Teil der Teammitglieder die Arbeitssprache möglicherweise nicht perfekt beherrscht.

- Probleme und Konflikte

  werden nicht erkannt und sind nur schwierig zu lösen.

- Kulturelle Unterschiede führen zu Missverständnissen.

- Produktivität virtueller Teams oft deutlich geringer als möglich.

4.4.2 Kommunikation in virtuellen Teams

Die Vorteile von virtuellen Teams erreichen bei der digitalen Kommunikation oft ihre Grenze, da die positiven Seiten leicht torpediert werden, weil bspw. das geschriebene Wort in einer E-Mail schwerer wiegt, wenn ein freundliches Lächeln oder eine aufmunternde Geste fehlt.

Kommunikation in virtuellen Teams kann synchron oder asynchron ablaufen: Hierzu gibt es diverse technische Unterstützung:

Synchrone Kommunikation

- Online-Chat
- Videokonferenz
- Whiteboard
- Application sharing
- Konferenzsysteme

Asynchrone Kommunikation

- E-Mail
- Asynchrone Diskussionsforen (Usenet, News Groups etc.)
- Wikis
- News Services

4.4.3 Netiquette

Die Netiquette bezeichnet Verhaltensregeln, die bei elektronischer Kommunikation gelten und ein gutes oder achtendes Benehmen dabei regeln sollen.

Unter der Netiquette versteht man Regeln, die für den Großteil der Menschen selbstverständlich sind. Nahezu jedes Forum und jede Webseite, jeder Chat-Room etc. hat seine eigene Netiquette. Die Richtlinien sind allerdings größtenteils gleich. Folgende Beispiele finden sich in nahezu jedem Regelwerk der Netiquette für die Kommunikation via E-Mail, Chat, Postings etc.:

- Erst lesen, dann denken, dann erst posten
- Text kurzhalten
- Beachtet, dass euch gegenüber auch „nur" ein Mensch sitzt
- Gesetzliche Regelungen beachten (bspw. Urheberrecht)
- Keine Beleidigungen
- Seid höflich und tolerant
- Kein übermäßiger Gebrauch von Großbuchstaben oder von Satzzeichen wie Ausrufezeichen
- Keine verbalen Attacken
- Rechtschreibung beachten
- Satzzeichen verwenden
- Keinen Spam und keine Romane
- Kein übermäßiger Gebrauch von Smileys
- Keine Diskriminierung, sexistische oder rassistische Sprüche
- Keine persönlichen Daten, Telefonnummern oder Werbung veröffentlichen
- BCC auf Notwendigkeit prüfen
- Keine Kettenbriefe weiterschicken
- Ironie sparsam oder nicht verwenden

4.4.4 Collaboration-Tools

Collaboration-Tools unterstützen virtuelle Teams, jedoch nicht nur diese, in der effizienten Zusammenarbeit. Mithilfe dieser Tools können Aufgaben, Termine, Besprechungen etc. sehr effizient unterstützt werden. Die Produktnennung in Klammern sind keine Produktempfehlungen, sondern lediglich Beispiele.

Mindmapping

Sehr gut einsetzbar zu Ideenfindung im Team (MindMeister)

Message Board

Einsetzbar, um Termine oder Aufgaben zu teilen (Basecamp, trello Wunderlist)

Filesharing

Speichern und Zugriff auf Dokumente (Dropbox, SharePoint)

Terminfindung, gemeinsamer Kalender

Organisation von Meetings, Terminkoordination und Terminumfragen (Doodle).

Collaborative-Writing

Gemeinsames Bearbeiten von Dokumenten (Eclipse, Google Drive, Office Live)

Video Conferencing

Zur Kommunikation und für Online-Meetings (Skype, Teamviewer)

Virtueller Projektraum

Virtuelle Projekträume sind Informationssysteme für geschlossene Benutzergruppen, die Dokumente oder Informationen für zugriffsberechtigte Projektbeteiligte rund um die Uhr von jedem internetfähigen Rechner der Welt aus bereitstellen. Somit können Informationen für alle Teammitglieder verfügbar gehalten werden.

Weitere Tools

Workgroup-Software, Wikis, PM-Tools

5. BEZIEHUNGEN UND ENGAGEMENT

PM4: 4.4.4 Beziehungen und Engagement

5.1   Motivation

5.1.1   Definitionen

Motivation ist die „Summe der in einer Handlung wirksamen Motive"[103].

Generell können extrinsische und intrinsische Motivation unterschieden werden.

Extrinsische Motivation

Eine Handlung ist durch ein zukünftiges Ziel, welches durch die Handlung erreicht werden soll, motiviert. D. h., die Handlung ist Mittel zum Zweck, bspw. übt jemand Radfahren, um bei einem Wettbewerb erfolgreich zu sein.

Intrinsische Motivation

Die Befriedigung eines Bedürfnisses oder einfach Freude stellt sich bei dem Ausführen der Handlung selbst ein. Die Handlung selbst wird als befriedigend empfunden und ist Selbstzweck: Jemand fährt Rad ohne Ambitionen – aus reiner Leidenschaft.

5.1.2   Bedürfnispyramide (nach Maslow)

Abbildung 87: Maslowsche Bedürfnispyramide

---

[103] Vgl. [9], Seite 224.

Von unten nach oben aufsteigend, werden folgende Stufen in der Bedürfnispyramide benannt:[104]

1. Grundbedürfnisse (z. B. Nahrung und Schlaf)
2. Sicherheitsbedürfnisse (z. B. sicherer Wohnraum, finanzielle Sicherheit)
3. Soziale Bedürfnisse (z. B. Kommunikation, Familie, Zugehörigkeit, Liebe)
4. Ich-Bedürfnisse (z. B. Wertschätzung und Anerkennung)
5. Bedürfnisse nach Selbstverwirklichung (z. B. Kunst, Religion, Philosophie usw.)

Die ersten drei Stufen zählt Maslow zu den Defizit-Bedürfnissen, die obersten zwei Stufen zu den Wachstums-Bedürfnissen.

5.1.3 Zwei-Faktoren-Theorie

Aufbauend auf den Studien von Maslow, entwickelte Herzberg die „Zwei-Faktoren-Theorie" und unterscheidet darin sogenannte Motivatoren und Hygienefaktoren:[105]

Die Hygienefaktoren, als extrinsische Faktoren, beschreiben das Arbeitsumfeld. Die Motivatoren, als intrinsische Faktoren, sind durch Sinn und Inhalt der Arbeit bestimmt.

Werden die Hygienefaktoren erfüllt, sinkt die Unzufriedenheit mit der Arbeitssituation (Vorhandensein von Qualitätswerkzeug). Werden Elemente der Motivatoren erfüllt, steigt die Arbeitszufriedenheit (Freiräume werden gewährt). Hier ergibt sich der Bezug zu Maslows Defizit- und Wachstumsbedürfnissen.

Abbildung 88: Zwei-Faktoren-Theorie von Herzberg

---

[104] Vgl. [39].
[105] Vgl. [9], Seite 225 f.

5.1.4 Motivationsinstrumente

Extrinsische Mitarbeitermotivation kann durch verschiedene Strategien erfolgen. Reinhard Sprenger definiert dazu folgende generelle Strategien:[106]

- Zwang
- Ködern
- Verführung
- Vision

Diese Strategien können konkret durch die **fünf B's** der Motivation unterstützt werden:

- Bedrohen   - Kündigung androhen
- Bestrafen   - Strafversetzung
- Belohnen   - Prämien
- Belobigen   - Lobhudelei, Schmeichelei
- Bestechen   - Incentives

Alle vorgenannten Methoden sind jedoch extrinsisch, manipulativ, nicht nachhaltig und führen langfristig zu Demotivation der Mitarbeiter. Führung über Bedrohung und Bestrafung kann temporär ein Mittel sein, wenn andere Ansätze, wie der Appell an die Verantwortung der Person oder die positiven Konsequenzen einer Veränderung, zu keinem Ergebnis führen. Dauerhaft ist die Führung über Angst und Druck jedoch keine Alternative und führt zu unerwünschten Resultaten wie innere Kündigung, Kündigung, erhöhtem Krankenstand und Vermeidungsstrategien, um nicht mehr „erwischt" zu werden.

---

[106] Vgl. [56], Seite 54 ff.

6. FÜHRUNG

| PM4: 4.4.5 Führung

Führung soll steuernd und richtungsweisend auf das Verhalten von anderen Menschen einwirken, um eine Zielvorstellung zu verwirklichen. Objekte der Führung sind einzelne Personen oder Gruppen.

Dabei ist zu beachten, dass Führen und Folgen einander bedingen: Niemand kann geführt werden, der nicht folgen will, oder:

„Den Führenden erkennt man am Folgenden".

6.1 Definition

Führung

Die Essenz aller Definitionen zum Thema Führung lässt sich folgendermaßen zusammenfassen:

Führung ist zielbezogene Beeinflussung.[107]

Führung im Projektmanagement setzt sich aus der fachlichen Vorgabe, Regeln, der Kontrolle der Leistungen der Projektmitarbeiter und der Einhaltung der Projektkultur zusammen.

Management

Planung, Organisation, Führung und Kontrolle in einer Organisation.

Management vs. Führung

Warren Bennis (Wirtschaftswissenschaftler) formulierte so: "Management is making people doing things right, leadership is making people doing the right things."[108] Frei übersetzt: Management sorgt dafür, dass die Dinge richtig gemacht werden, Führung, dass die richtigen Dinge gemacht werden.

---

[107] Vgl. [49] und [52], Seite 4.
[108] In [58].

6.2 Führungsstile

Eine Übersicht über verschiedene Führungsstile findet sich bei Tannenbaum & Schmidt [109]

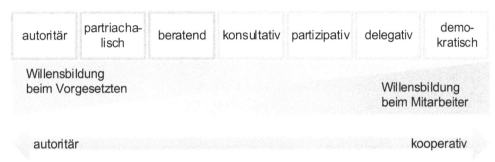

Abbildung 89: Führungsstile nach Tannenbaum & Schmidt

Führungsstil	Gekennzeichnet durch [110]
Autoritär	Entscheidung ohne Konsultation der Mitarbeiter.
Patriarchalisch	Der Projektleiter entscheidet, versucht den Mitarbeiter jedoch von einer Anordnung zu überzeugen.
Beratend	Der Projektleiter erklärt seine Motivation und Ziele, lässt Fragen zu, der Projektleiter entscheidet.
Konsultativ	Der Projektleiter entscheidet, diskutiert vor der Entscheidung mit den Teammitgliedern.
Partizipativ	Aktive Einbeziehung des Teams in die Entscheidungsfindung. Der Projektleiter entscheidet gemeinsam mit dem Team.
Delegativ	Der Projektleiter delegiert die Entscheidung an das Team, das die Alternativen diskutiert und dann gemeinsam entscheidet.
Demokratisch	Das Team identifiziert eigenständig Probleme und entscheidet autonom. Der Projektleiter koordiniert nach innen und außen.

Tabelle 43: Führungsstile

---

[109] Vgl. [51], Seite 33 f.
[110] Vgl. [58], Seite 270.

6.3 Situative Führung

Die Führung in Projekten wird je nach Projekt-Phase und in Abhängigkeit der Mitarbeiter (Ausbildung, Motivation etc.) angepasst. Hersey und Blanchard[111] machen dies am Reifegrad des Mitarbeiters fest. Dieses Modell kann als Leitlinie für die Projektarbeit dienen:

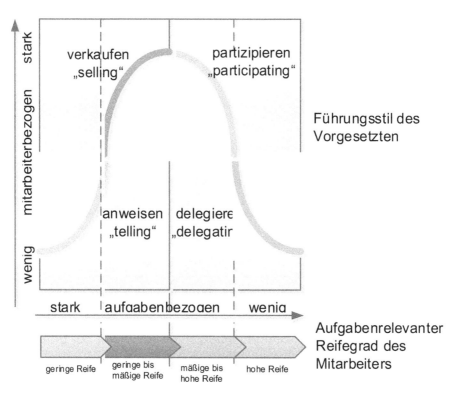

Abbildung 90: Situative Führung nach Hersey und Blanchard[112]

Aus diesem Modell ergeben sich folgende Führungsstile:

telling – anweisen

Der Projektleiter weist dem Mitarbeiter Aufgaben zu und kontrolliert die Umsetzung.

---

[111] Vgl. [52], Seite 19.
[112] Ebenda.

selling – verkaufen

Der Projektleiter diskutiert mit dem Mitarbeiter die Aufgaben, ggf. wird eine Anpassung vorgenommen, und kontrolliert die Umsetzung.

participating – partizipieren

Mitarbeiter und Projektleiter diskutieren die Aufgaben und entscheiden gemeinsam. Der Projektleiter unterstützt den Mitarbeiter und lässt sich über den Fortschritt berichten.

delegating – delegieren

Die Mitarbeiter arbeiten weitestgehend autonom, der Projektleiter greift nur bei Abweichungen ein.

6.4   Führungstechniken[113]

Unter Führungstechnik werden im Allgemeinen sog. „Management by"-Techniken verstanden, die den grundsätzlichen Führungsstil einer Führungskraft skizzieren. Dies sind u. a.:

Management by Delegation

Bei der Führung durch Delegation werden Aufgaben und Verantwortung an einen Mitarbeiter abgegeben.

Management by Objektives

Beim Management by Objectives (Führung durch Zielvereinbarung) werden die Ziele in partnerschaftlicher Zusammenarbeit zwischen Führungskraft und Mitarbeitern vereinbart.

Management by Exception

Bei dieser Führung nach dem Ausnahmeprinzip liegen Routineentscheidungen generell in den Händen der Mitarbeiter. Die Führungskraft greift nur bei außerordentlichen Entscheidungen oder bei Abweichungen ein.

---

[113] Vgl. [32], Seite 212 f. und [62], Seite 139 f.

6.5 Motivation und Führung

Zur Erhöhung der Arbeitszufriedenheit können auch folgende Maßnahmen ergriffen werden:[114]

1. Job Enlagement – Arbeitserweiterung
   Bildung von Gesamtaufgaben im Arbeitsprozess.
2. Job Rotation – Arbeitsplatzwechsel
   Wechsel der Aufgaben, um Monotonie zu vermeiden.
3. Job Enrichment – Arbeitsbereicherung
   Erhöhung der Verantwortung – quantitative Aufwertung der Stelle.
4. Bildung autonomer Arbeitsgruppen
   Gruppenbildung mit großer selbstständiger Entscheidungsbefugnis.

---

[114] Vgl. [62], Seite 133.

7. VERHANDLUNGEN

PM4: 4.4.9 Verhandlungen

7.1 Vorgehen

Alternativen untersuchen	Menschen und Probleme getrennt behandeln	Interessen abwägen	Lösungsmöglich-keiten sammeln	Objektive Kriterien vereinbaren

Ein Patentrezept für die Verhandlungsführung mit Erfolgsgarantie gibt es nicht. Jedoch können in der Praxis bewährte Konzepte die Erfolgswahrscheinlichkeit von Verhandlungen erhöhen.

7.2 Das Harvard-Konzept

Das Harvard-Konzept ist eine Methode der sachbezogenen Verhandlungsführung. Es beruht auf einem Projekt der Harvard Universität.

Vor der Verhandlung ist zu prüfen, ob eine Verhandlung überhaupt erfolgreich durchgeführt werden kann. Hierzu sind die Alternativen zu untersuchen:

- Nicht-Verhandeln als attraktivere Alternative zum Verhandeln: Einschätzen der Erfolgswahrscheinlichkeit des Verhandelns
- Einschätzen, ob der Verhandlungspartner überhaupt alternative Positionen einnehmen / alternative Handlungen ausführen darf und will.

Diese Verhandlungsstrategie wird auch **BATNA** genannt: Best alternative to negotiated agreement.

Wird beschlossen, Verhandlungen aufzunehmen, schlägt das Harvard-Konzept ein 4-stufiges Vorgehen vor:

1. Erkennen der Problemstellung,

2. Analyse der Situation,

3. Vorgehen festlegen,

4. Ideen zur Durchführung sammeln.

Das Harvard-Konzept empfiehlt beim Verhandeln die Anwendung von vier Prinzipien:[115]

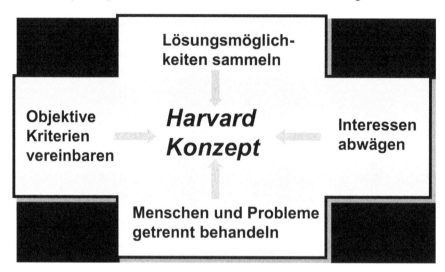

Abbildung 91: Harvard-Konzept

1. Menschen und Probleme getrennt behandeln

Die Beziehungsebene muss die Sachebene tragen, daher sollten die Verhandlungspartner die auf der Beziehungsebene ausgesendeten Signale des jeweils anderen wahrnehmen und darauf eingehen. Wichtig für die Beziehung zum anderen sind ein aktives Zuhören und ein fairer Umgang miteinander.

„Gehen Sie das Problem an – und nicht den Menschen"[116]. Der Verhandlungspartner verdient Respekt, was jedoch nicht bedeutet, seine Sachziele aus den Augen zu verlieren.

---

[115] Vgl. [21], Seite 43 ff.
[116] Vgl. [21], Seite 69.

2. Interessen abwägen

Ermitteln von Interessen und Bedürfnissen:

- Die eigenen Interessen deutlich machen.
- Die Interessen der Anderen als Teil des Problems anerkennen.
- Erst das Problem darstellen, dann antworten.
- Nach vorne schauen, nicht rückwärts.
- Bestimmt, aber flexibel sein.
- Hart in der Sache sein, aber sanft zu den beteiligten Menschen.

Auch bei der Ermittlung von Interessen und Bedürfnissen ist aktives Zuhören ein nicht zu unterschätzender Erfolgsfaktor.

3. Lösungsmöglichkeiten sammeln

Entwickeln von Optionen zum beiderseitigen Vorteil (Win/Win) und damit Lösungen zu finden, die für beide Partner vorteilhaft sind.

4. Objektive Kriterien vereinbaren

Entwickeln Sie faire Kriterien für eine Einigung, an die sich beide Parteien halten wollen und müssen.

8. ERGEBNISORIENTIERUNG

| PM4: 4.4.10 Ergebnisorientierung

8.1 Definition

„Ergebnisse können in Projektergebnisse, Kundenergebnisse, Mitarbeiterergebnisse und auf andere betroffene interessierte Parteien bezogene Ergebnisse unterteilt werden."[117]

8.2 Sichtweisen

Aus der Definition ergeben sich die verschiedenen Sichtweisen auf das Projektergebnis.

Abbildung 92: Sichtweisen auf das Projektergebnis

Allein eine Fokussierung auf das formale Ergebnis hilft in der Praxis nicht, ein hervorragendes Ergebnis zu erzielen. Daher ist die Ergebnisorientierung, i. S. des Projekterfolges, auch von Faktoren wie der Zufriedenheit der wichtigsten Stakeholder abhängig. Hieraus ergeben sich spezifische Anforderungen an den Projektleiter.

8.3 Anforderungen an den Projektleiter

Ergebnisorientierte Projektleiter achten, neben Qualität und Quantität, auch darauf, dass Lieferzeitpunkt und Meilensteine festgesetzt und eingehalten werden. Ein zusätzlich wichtiger Punkt ist, dass der Projektleiter die Leistungsorientierung selbst vorlebt, um eben diese bei seinen Projektmitarbeitern zu erreichen. Weitere wünschenswerte Eigenschaften des Projektleiters sind:

---

[117] Vgl. [25], Seite 911.

- risiko- und chancenbewusst
- behält den Überblick
- aktives Management
- bildet die Schnittstelle zwischen Team und Auftraggeber
- kommunikativ
- lösungsorientiert
- konflikterfahren
- unternehmerisches Denken
- zielorientiert

8.4 Aspekte der Ergebnisorientierung

Um das Ziel und somit das Projekt-Ergebnis nicht aus den Augen zu verlieren, wird die Ergebnisorientierung von weiteren PM-Disziplinen unterstützt, dies sind u. a.:

- Anforderungsmanagement
- Konfigurations- und Änderungsmanagement
- Vertragsmanagement
- Controlling

Im Controlling kann als wertvolles Instrument die Balanced Score Card (BSC) eingesetzt werden.

Die Grundelemente sind in der nebenstehenden Grafik aufgeführt und unterstützen die Sicht auf das Projektergebnis.

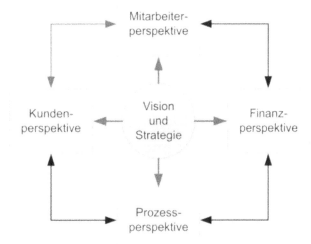

Abbildung 93: Elemente der Balanced Score Card[118]

---

[118] Angelehnt an [61], Seite 23.

9. INTEGRITÄT UND VERLÄSSLICHKEIT

| PM4: 4.4.2 Persönliche Integrität und Verlässlichkeit

9.1 Verlässlichkeit, Vertrauen

Um in einem Projekt Vertrauen aufzubauen, sind sich bedingende Werte zu vereinbaren und zu leben. Diese sind u. a.:

- Stabilität und Nachhaltigkeit im Handeln
- Einhalten von vereinbarten Prinzipien
- Zusammenarbeit aller Mitarbeiter im Projektteam
- Sorgfalt und kritische Prüfung der Einhaltung von Regeln

9.1.1 Definitionen

Vertrauen

Vertrauen ist der vorbehaltlose Glaube an die Verlässlichkeit eines Menschen – man kann sich auf jemanden verlassen.

Integrität

Integrität ist eine ethische Forderung des philosophischen Humanismus nach möglichst weitgehender Übereinstimmung zwischen den eigenen Idealen und Werten und der tatsächlichen Lebenspraxis.

Verlässlichkeit

beschreibt die Zuverlässigkeit von jemandem, also wie vertrauenswürdig eine Person wirkt.

Verlässlichkeit zeigt man dadurch, dass man das umsetzt, was man versprochen hat, und worauf sich andere verlassen können (bspw. Pünktlichkeit, Loyalität, Termintreue, Übereinstimmung von Sagen und Handeln).

9.1.2 Fehlerkultur und Verlässlichkeit

Der Begriff Fehlerkultur stammt aus den Sozial- und Wirtschaftswissenschaften und bezeichnet die Art und Weise, wie Gesellschaften, Kulturen und soziale Systeme mit Fehlern, Fehlerrisiken und Fehlerfolgen umgehen. **Komponenten: Fehler, Fehlerrisiken, Fehlerfolgen, Fehlermoral.**

Ein transparenter und offener Umgang mit Fehlern, Fehlerrisiken und Fehlerfolgen und ein aktives Fehlermanagement unterstützt die Entwicklung von Verlässlichkeit bei den einzelnen Personen im Unternehmen.

9.2 Ethik und Moral

9.2.1 Moral

ist definiert als „sittliche Grundsätze des Verhaltens".[119]

- Leben des Firmencredos
- Integrität
- Ehrlichkeit
- Nachhaltigkeit
- Transparenz des Handels gegenüber Stakeholdern
- Auftragstreue
- sittliches Verhalten
- Eskalationswege einhalten
- Plausibilität

Das Projekt-Management sollte aus moralischen Aspekten den folgenden Grundsätzen folgen:

Respekt

Respekt und Wertschätzung gegenüber jedem Projektbeteiligten sollte die Grundlage der Projektarbeit sein.

Ehrlichkeit

In der Projektarbeit ist Ehrlichkeit unabdingbar. Dies bedeutet jedoch nicht, Manieren außer Kraft zu setzen. Kritik und Feedback muss ehrlich gegeben und akzeptiert werden. Aber nicht, wenn der Respekt gegenüber anderen vergessen wird: „Sag immer die Wahrheit, aber die Wahrheit nicht immer!" Ehrlichkeit ist aber auch, mit dem Zustand des Projekts ehrlich umzugehen und dies auch zu kommunizieren.

Transparenz

Der Grundsatz der Transparenz bedeutet, ehrliche Berichte, alle Informationen offenlegen und alle Entscheidungen und deren Grundlagen nachvollziehbar zu machen. Aber

---

[119] Quelle: [19].

auch Information der Teammitglieder, offene Diskussionen über anstehende Entscheidungen und Begründung bereits getroffener Entscheidungen.

9.2.2 Ethik

„Sittlich-moralisches, sozialkompetentes, wertorientiertes und verantwortungsbewusstes Verhalten und Handeln …"[120].

Ethik ist die Reflexion über moralische, also kulturelle, Einflüsse auf „Richtig" und „Falsch". Letztendlich zeigt sich der zentrale Unterschied von Moral und Ethik vor allem in der Differenz zwischen *Sein* und *Sollen*.

Ethik gliedert sich in die Disziplinen:

- Deskriptive Ethik: Beschreibt und begründet Verhalten, Sitten, Werte und Moral von Kulturen.
- Normative Ethik: Prüft und bewertet die geltende Sitte und Moral und gibt Handlungsanweisungen.

Weitere Unterscheidungen sind:

Gesinnungsethik	weiche Faktoren, persönliche Einstellung
Verantwortungsethik	Entscheidungen und deren Konsequenz
Handlungsethik	Handlungen, abgeleitet aus den Entscheidungen
Folgeethik	folgen aus meinen Handlungen / Entscheidungen

Im Kontext des Projektmanagements sind die folgenden moralischen und ethischen Aspekte von Bedeutung:[121]

- Vertrauen / Fairness
- Wahrhaftigkeit
- Respekt / Loyalität
- Freigiebigkeit
- Gesunder Menschenverstand
- Umgang miteinander / Wertschätzung

---

[120] Vgl. [39], Seite 66.
[121] Vgl. [25], Seite 1102.

IV. ANHANG

10. LITERATURFVERZEICHNIS

[1]   Backerra, Malorny, Schwarz, Kreativitätstechniken, Hanser Verlag, München 2007

[2]   Baum, Coenenberg, Günther , Strategisches Controlling, 4. Auflage, Schäffer Poeschel Verlag, Stuttgart 2007

[3]   Bayerl, 30 Minuten Zeit für Kreativitätstechniken, Gabal Verlag, Offenbach 2007

[4]   Beck, Fish, Teamarbeit und Teamentwicklung, Hogrefe Verlag GmbH + Co., Göttingen 2003

[5]   Bitzer, Liebsch, Behnert, Betriebliche Konfliktlösung durch Mediation, Sauer-Verlag, Heidelberg 2002

[6]   Boos, Das große Buch der Kreativitätstechniken, Compact Verlag, München 2007

[7]   Bundschuh, Aufwandschätzung von DV-Projekten mit der Function-Point Methode, TÜV Rheinland, Köln 1991

[8]   Bunse, von Knethen, Vorgehensmodelle Kompakt, 2. Auflage, Spektrum Verlag, Heidelberg 2008

[9]   Chalupssky et al., Der Mensch in der Organisation, Verlag Dr. Götz Schmidt, Gießen 2000

[10]   Däumler, Grabe, Kostenrechnungslexikon, NWB Herne 1992

[11]   de Bono, Serious Creativity, Schäffer Pöschel, Stuttgart 1996

[12]   de Marco, Lister, Bärentango, Hanser Verlag, München 2009

[13]   de Marco, Der Termin, Hanser Verlag, München 1998

[14]   Deming, Out of Crisis 2. Auflage, Massachusetts Institute of Technology Press Cambrigde 1986

[15]   Deutscher Manager Verband e. V. Hrsg., Handbuch Soft Skills, vdf Hochschulverlag AG an der ETH Zürich 2003

[16]   Dick, Van West, Teamwork, Teamdiagnose, Teamentwicklung. Hogrefe Verlag GmbH + Co., Göttingen 2005

[17]   Drews, Hillebrand, Lexikon der Projektmanagementmethoden, haufe Verlag, München 2007

[18]   Duden, Die deutsche Rechtschreibung, 25. Auflage, Bibliographisches Institut & F. A. Brockhaus, Mannheim 2009

[19]   Duden, Bedeutungswörterbuch 3. Auflage, Dudenverlag, Mannheim 2002

[20]   Fengler, Feedback geben, Belz Verlag, Weinheim 2004

[21]   Fisher, Patton, Das Harvard-Konzept, Campus Verlag, Frankfurt/Main 2004

[22]   Gartner, Die Drei-Punkt-Schätzmethode zur Kalkulation des Projektaufwands, PM aktuell 02-2005

[23]   Glaap, ISO9000 leichtgemacht, Hanser Verlag, München 1993

[24]   Garreis, Der professionelle Projektstart, in: Projektmanagement 3/2000, S. 23–29

[25]   Gessler Hrsg., Kompetenzbasiertes Projektmanagement (PM4), 3. Auflage (e-Book), Nürnberg 2010

[26]   Glasl Friedrich, Konfliktmanagement, 8. Auflage, Haupt Verlag, Bern 2002

[27]   Gregorc, Weiner, Claim Management, Publicis-Verlag, Erlangen 2005

[28]   Harrant/Hemmrich, Risikomanagement in Projekten, Hanser Verlag, München 2004

[29]   Hörmann, Müller, Schmied, Basiswissen Software-Projektmanagement Hindel, dpunkt Verlag, München 2009

[30]   Homberg, Profitable Projektkommunikation, Verlag Dr. Homberg, Weidenberg 2002

[31]   ICB – IPMA Competence Baseline – in der Fassung als Deutsche NCB – National Competence Baseline Version 3.0 der PM-ZERT Zertifizierungsstelle der GPM e.V., GPM Deutsche Gesellschaft für Projektmanagement e.V. Nürnberg, März 2008

[32]   Kappeller, Mittenhuber, Management-Konzepte, Gabler Verlag, Wiesbaden 2003

[33]   Kanditzky, Ungeschickt verhandelt? F.A.Z.-Institut, Frankfurt a. M. 2005

[34]   Kamiske, Brauer, Qualitätsmanagement von A bis Z, 6. Auflage, Hanser Verlag, München 2008

[35]   König, Schattenhofer, Einführung in die Gruppendynamik, Carl-Auer Verlag, Heidelberg 2007

[36]   Knieß, Kreativitätstechniken, dtv, München 2006

[37]   Kugler et al., Betriebswirtschaft der Unternehmung, Europa-Lehrmittel, Wuppertal 1986

[38]   Lomnitz, Multiprojektmanagement, Redline Wirtschaft, Frankfurt 2004

[39]   Maslow (Autor) / Kruntorad (Übersetzer), Motivation und Persönlichkeit, rororo, Berlin 1981

[40]   Motzel, Projektmanagement Lexikon, Wiley-VCH Verlag GmbH & Co KG a. A., Weinheim 2006

[41]   Neuberger O, Führen und führen lassen: Ansätze, Ergebnisse und Kritik der Führungsforschung, UTB, Stuttgart 2002

[42]   OGC (Office of Government Commerce), ITIL V3 Continual Service Improvement, TSO, Norwich 2008

[43]   Patzak, Rattay, Projektmanagement, 4. Auflage, Linde international, Wien 2004

[44]   Corsten, Projektmanagement, R. Oldenbourg Verlag, München 2000

[45]   Pohl, Requirements Engineering, dpunkt. Verlag, Heidelberg 2008

[46]   Rößler et al., Projektmanagement für newcomer, 2. Auflage, RKW Sachsen, Dresden 2008

[47]   Rosenberg, Gewaltfreie Kommunikation, Junnemann Verlag, Paderborn 2007

[48]   Rosenberg, Konflikte lösen durch Gewaltfreie Kommunikation, Herder Verlag, Freiburg 2007

[49]   Royce, Managing the development of large software systems: concepts and techniques, In: Proceedings of the 9th international conferenc e on Software Engineering ICSE '87, IEEE Computer Society Press, März 1987

[50]   Schwarz, Konfliktmanagement, Gabler, Wiesbaden 2005

[51]   Simon, GABALS großer Methodenkoffer Führung und Zusammenarbeit, GABAL Offenbach 2006

[52]   von Rosenstiel et al., Führung von Mitarbeitern, Schäffer & Poeschel Verlag, Stuttgart 1999

[53]   Straube, Leutscherk, Müller, Konfliktmanagement für Projektleiter, Haufe, München 2008

[54]   Schmidt, Konfliktmanagement-Trainings erfolgreich leiten, managerSeminar Verlags GmbH, Bonn 2009

[55]   Schulz von Thun, Miteinander reden 1 Störungen und Klärungen, rororo, Berlin 2006

[56]   Sprenger, Mythos Motivation, Campus Verlag, Frankfurt 2005

[57]   Schreckeneder, Projektcontrolling, Haufe Verlag, Planegg 2005

[58]   Warren, On Becoming a Leader: The Leadership, Perseus Books, Cambrigde, Massachusetts 2003

[59]   Wastian, Braumandl. von Rosenstiel, Angewandte Psychologie für Projektmanager, Springer, Heidelberg 2009

[60]   Wanner, Earned Value Management. So machen Sie Ihr Projektcontrolling noch effektiver, 2. Auflage, Books on Demand, Norderstedt 2007

[61]   Wolter, TQM Scorecard, Hanser Verlag, München 2002

[62]   Wöhe, Einführung in die Allgemeine Betriebswirtschaftslehre, Verlag Vahlen, München 1993

[63]   Ziegenbein, Olfert, Controlling, Kiehl Verlag, Ludwigshafen 2007

[64]   Bloom: Taxonomie von Lernzielen im kognitiven Bereich, Beltz, Weinheim 1978

[65]   https://www.gpm-ipma.de/fileadmin/user_upload/Zertifizierung/Leitfa-den/Z01D_PM_Leitfaden_D_ICB4_V05.pdf

[66]   Roland Jochem, Was kostet Qualität? – Wirtschaftlichkeit von Qualität ermitteln, 05/2010 ISBN: 978-3-446-42440-1

[67]   GPM Deutsche Gesellschaft für Projektmanagement / Michael Gessler (Hrsg.), Kompetenzbasiertes Projektmanagement (PM3), 8. Auflage
Handbuch für die Projektarbeit, Qualifizierung und Zertifizierung auf Basis der IPMA Competence Baseline Version 3.0, Nürnberg, 2016

[68]   Taschner, Business Cases: Ein anwendungsorientierter Leitfaden, Springer Gabler, 2017

[69]   Watzlawick, Beavin, Jackson,, Menschliche Kommunikation. Formen, Störungen, Paradoxien. Hans Huber, Bern 1974

[70]   Schein Organizational Culture and Leadership. A Dynamic View, Jossey-Bass, San Francisco 1985

[71]   Geiger/Kotte (2005), Handbuch Qualität, 4. Aufl, Vieweg Verlag, Wiesbaden

Internetquellen

[90]   http://www.efqm.org/en/tabid/169/default.aspx (aufgerufen am 10.02.2012)

[91]   http://www.earnedvaluemanagement.com/ (aufgerufen am 02.03.2012)

[92]   http://wirtschaftslexikon.gabler.de/Archiv/4191/ressource-v9.html (aufgerufen am 13.02.2012)

[93]   http://www.gpm-ipma.de/fileadmin/user_upload/ueber-uns/A-wards/DPEA_Summary_Topmanagement_final.pdf (aufgerufen am 12.02.2012)

[94]   Link: PM-Zert Level D Informationen: http://www.gpm-ipma.de/ qualifizierung_zertifizierung/ipma_4_l_c_zertifikate_fuer_projektmanager/level_d.html, (aufgerufen am 16.02.2012)

[95]   Z01_PM_Leitfaden_Allgemein_ICB4_V03.pdf: Link: https://www.gpm-ipma.de/filead-min/user_upload/Zertifizierung/ Leitfaden/Z01_PM_Leitfaden_Allgemein_ICB4_V03.pdf (aufgerufen am 26.09.2018)

[96]   http://v-modell.iabg.de/v-modell-xt-html/ (aufgerufen am 01.03.2012)

[97]   Z01D_PM_Leitfaden_D_ICB4_V04.pdf
https://www.gpm-ipma.de/fileadmin/user_upload/ Zertifizierung/Leitfa-den/Z01D_PM_Leitfaden_D_ICB4_V04.pdf (aufgerufen am 26.09.2018)

[97]   https://www.gpm-ipma.de/zertifizierung_icb_3/alle_downloads_auf_einen_blick.html (aufgerufen am 26.09.2018)

CPSIA information can be obtained
at www.ICGtesting.com
Printed in the USA
BVHW051336231118
533823BV00009B/207/P